U0069603

謹將此書獻給張存武老師

——在中朝邊界指引方向的先行者。

FROM SEOUL TO PEKING

從漢城到燕京

·朝鮮使者眼中的東亞世界·

吳政緯 著

推薦序　使節與叛將，宗師與君王

——《從漢城到燕京》之前的朝鮮歷史故事

「故事：寫給所有人的歷史」編輯委員　陳韋聿 Emery

西元一三九二年的初春時節，高麗名將李成桂正在朝鮮半島西部的海州打獵。歷史上，李成桂以他的騎射天才著稱，然而這次行獵，卻不知怎地從馬背跌落，摔成了重傷。那時的李成桂權傾朝廷，甚至已兩度主導國王的廢立，距離奪取王位，似乎只有一步之遙。但這場墜馬意外，卻給歷史帶來了一些變數。

仍舊忠於高麗王室的大臣鄭夢周抓準機會，趁李成桂不在朝中，迅速地彈劾、流放了他的諸多黨羽。這樣的政治突襲雖然取得了短暫成功，但李氏一黨的反擊力道更為猛烈——兩天後，李成桂的兒子使人設下埋伏，以鐵鎚擊殺了鄭夢周。據說在他中伏的善竹橋（在今天的北韓開城地方）上，仍留有這位高麗忠臣的斑斑血跡。

鄭夢周一死，再沒有人能夠挽救王朝走上末路。當一三九二年的夏天來臨，高麗朝的末代君主王瑤旋即黯然退位，李成桂則接受了眾人勸進，登上寶座。國祚長達五百年的朝鮮王朝，也就此揭開序幕。

◆　◇　◆

說起來，前述故事裡的李成桂與鄭夢周，都與政緯這本書裡的朝鮮使節，頗有些淵源。朝鮮人為何如此傾慕中華？他們與明朝的關係為什麼如此親近？這兩個人的故事或可以做一點說明，值得在序文裡，介紹給讀者認識。

故事要從十四世紀中葉，高麗王朝的暮年開始說起。那時的中國，正處在元末明初的動盪局勢裡，高麗亦頗受擾害。趁亂崛起於中原的紅巾軍（就是明太祖朱元璋早年參加的民間反抗軍），還曾越過鴨綠江，襲擊朝鮮半島北部，甚至攻破了當時的高麗首都開城。幸賴李成桂等將領率軍奮戰，接連擊退外敵，高麗才能保其國運於不墜。

中國改朝換代，長期臣服於中原政權的高麗，自也必須觀察時局變化，調整其應對方式。麻煩的是：高麗朝廷內部的意見並不一致，有些人主張向朱元璋的大明帝國輸誠，但那個時代，親近元朝（在一三六八年明朝建立以後，他們便撤退到了北方草原地帶，史家稱之為「北元」）的舊勢力仍然活躍。高麗對於元、明兩個政權的態度，遂也持續地曖昧不明。

一下子向明朝稱臣，一下子又接受北元冊封，這種依違於兩強之間的作法，自然要引起不滿。尤其當時，明朝使臣在高麗莫名其妙地被殺害，高麗朝內部又發生了國王被弒的政變。種種原因，惹得壞脾氣的朱元璋對高麗越發嫌惡，甚至威脅要發動軍隊、渡海來攻，教訓這個不聽話的藩屬國。

高麗不願意開罪於明朝，必須積極地賠不是。那時代沒有熱線電話，也沒有電報傳真，兩方面的聯絡溝通，只能倚賴使節。麻煩的是：朱元璋不僅數度關起北方的邊界大門，把高麗的使節團給趕回家去；有一次，他甚至要人把高麗來使給揍了一頓，並且還惡整這些倒楣鬼，故意把他們流放到遙遠的南方。

兩國的關係既是如此凶險，整個高麗恐怕沒有人敢再出使明朝了。於是乎，等到一三八三年，當高麗又一次地要派使節赴明，祝賀朱元璋的生日，滿朝文臣也就推辭的推辭、裝病的裝病。最後，這個極糟糕的差使，便被推到了鄭夢周的頭上。

但鄭夢周是個與眾不同的英雄人物。他毅然站了出來，挑起了這個重責大任。只聽得他慨然說道：「君父之命，水火尚不避，況朝天乎？」（只要是國王的命令，赴湯蹈火也在所不惜，何況是出使中國呢？）

於是，這位新任使節當天便收拾好行李，星夜兼程，朝見朱大皇帝去也。

一三八三至一三八四年間，鄭夢周的這次出使，應當取得了很不錯的成果。雖然高麗提出的一些名分要求，並沒有被明朝方面所接受（在那時的外交關係當中，名分是非常重要的，參見政緯在本書末尾的附錄文章），但朱元璋至少是與鄭夢周和和氣氣地談話許久，並且還「特賜慰撫，勑禮部優禮以送」，甚至連早前那些被流放的高麗使節，都答應放還。從那之後，高麗與明朝的關係也日漸獲得改善。鄭夢周的外交才能與手腕，大概要讓踵繼其後的使節們，感到佩服不已。

實際上，鄭夢周的中國之旅並不僅只這回。他的政治生涯，曾老實不客氣地六度出使明朝，並且三度見到了朱元璋。而他的旅行，也要比後來的朝鮮使節走得更遠——因為那時的明朝首都仍在遙遠的南京。鄭夢周得先乘船渡過黃海，抵達山東半島，再做南下的打算。

路途長了，發生意外的機會就要多一些。一三七二年，鄭夢周第一次出使明朝的回程途中，這一百多人的隊伍，竟然在海上遭遇風暴，船給打壞了不說，還溺死了三十九名成員。鄭夢周與其他夥伴漂流了十三天，一度必須割取馬鞍的墊子來果腹，好不容易才漂回中國沿海，僥倖撿回性命。

在出使途中見過各種大風大浪的鄭夢周，應該可以說是後來那些「朝天使」的大學長了。而其實政緯筆下的朝鮮使節，多半也懷抱著與他相近的親善理念，希望與大明帝國建立良善的互動。鄭夢周是個典範人物，他的種種工作，應當也為後來朝鮮與明朝的穩定外交關係，打下了一些基礎吧。

但是，政治局勢要怎麼變化，往往不是外交使節可以決定的。一三八八年，當明朝軍隊透過一場成功的北伐，將遼東地方納入版圖之後，朱元璋便打算要把鴨綠江以南、鐵嶺以北的土地（非今日的遼寧鐵嶺）收歸所有。

這個決定，引起了高麗內部的強烈反彈。為此，高麗國王甚至不惜片面廢除宗藩關係，乃至於對明朝發動戰爭。當時已建立起赫赫戰功的李成桂，曾舉出四個不可發兵的實際理由（所謂「四不可論」），當面勸阻國王，但不被接受。

最好的外交使節也難以違抗他的政府，但軍隊領袖可就不是這麼回事了。那年春天，李成桂被任命為統帥，帶領著五萬多人的軍隊來到鴨綠江口的威化島。而當他的撤退請求再度被朝廷駁回以後，李成桂便發動了一場著名的兵變，即所謂的「威化島回軍」——說穿了，就是掉過頭來打回自家首都，俘虜國王，逼迫他退位。明朝與高麗之間的戰爭警報，遂也因此解除（不過，高麗國王的發兵，仍然可能有些作用，因為朱元璋後來答應了高麗的要求，並不堅持要在鐵嶺劃界）。

李成桂的兵變，幫助他攀升到高麗王朝的權力頂峰，再過四年，李氏一黨便殺害了鄭夢周，並將他推上了王位。然而，假若他當年果真服從王命，帶著兵馬打進遼東，高麗與明朝，大概要陷入好一陣子的決裂，這本書裡的朝鮮使節，後來能否上路，也就很難說了。

在更後來的中朝關係史裡面，李成桂的諸多作為，也有關鍵性的影響。這不光是說他在王朝肇建以後，確立了「事大主義」的方針，使得朝鮮與明、清兩朝維持著長期穩定的宗藩關係（於是有了這本書裡的諸多使節故事）。另一方面，說的也是他當上國王以後，崇奉儒家思想的基本國策。

高麗王朝的時代，儒學教育便已開始普及。尤其在十三世紀末期，南宋大儒朱熹所發展出來的「性理學」傳入以後，更引起知識分子的熱烈迴響。事實上，前文提到的鄭夢周，就是一個赫赫有名的朱子學者，並且還被後來的儒學界奉為「東方理學之祖」。尤其是他對高麗王朝忠貞不二、以身殉道的事蹟，更是備受後人推崇。認真說起來，在韓國歷史裡面，鄭夢周作為一個儒家學者與精神典範的影響力，要比他外交使節的身分，還來得更為巨大。

在文章開頭所述及的那場政爭裡面，李成桂的兒子李芳遠儘管殺害了鄭夢周，但在他當上皇帝（朝鮮太宗）以後，卻必須表彰這位不仕二君的忠烈之士，讓他入祀孔廟。這是因為整個朝鮮在李成桂的時代，即已朝著儒教國家的方向發展。那時，與鄭夢周齊名的儒家學者鄭道傳主持了各方面的改革，他所編纂的《朝鮮經國典》設計了整個國家的大小規制，其理論根據，也是儒學。

換句話說，儒家思想在這個時代，由上到下逐漸滲透了整個社會，滲透了人們的日常生活——在那樣一種氛圍裡面，我們也就不難理解：為什麼本書裡的朝鮮使節，一個個都是仰慕中華的儒家士大夫，並且會以深厚的漢文化素養為傲，甚至能夠將這些知識轉介給日本人了。

鄭夢周與李成桂，一個是外交使節與儒學宗師，一個是兵變領袖與開國君王，兩個主張親近明朝的大人物，對於後來的中朝關係，都有深刻影響。或許可以說，本書當中那些使節的旅行道路，有相當一部分是給他們打通的。本書的第一個章節，距離朝鮮王朝的開端，約莫已有兩百年那麼遙遠。但你將發現，兩百年後的朝鮮歷史，其實仍與這兩個人的故事，緊密相連。

◆ ◇ ◆

總覺得寫序這件事情，理當要幫助讀者熟悉這本書，提示一些先備知識或者閱讀進路，於是決定在序文前頭，約略地介紹李成桂與鄭夢周的故事。我自己並不特別研究朝鮮歷史，故而政緯囑我為這本書作序的時候，其實頗覺惶恐，只希望上述故事，對於讀者接下來即將展開的閱讀旅程，能有些幫助

除了作品本身，一篇序文也應該要談談這個寫書的作者。我之所以結識政緯，得說到「故事：寫給所有人的歷史」。兩、三年前，這個新成立的網路媒體，集合了學院裡外熱愛文史工作的年輕人，為大眾讀者撰寫文章，並且一同切磋寫作技藝。我亦有幸參與其中一些工作，繼而認識了許多優秀的夥伴，包括政緯。

其實在那之前，我很早就在學校裡聽過政緯的名字。研究所時代，政緯與我同樣求學於師大，只是他晚了我幾個屆次，總不大有機會碰面。不過，政緯是我們這一輩學生裡面，異常出色的一個。就實際成績來看，能夠像他這般，在碩士班階段便已有數篇文章登上國內最頂尖的學術期刊，著實罕見。

更難得的是，這樣一個潛力無窮的學術人才，也懷有一份為學院外讀者寫作的熱情。在「故事」網站裡面，政緯是相當難能可貴的一個作者，實在來說，他所著重書寫的中朝關係史主題，普遍讀者可能會感到陌生，但政緯在網站上發表的文章，卻仍舊廣受歡迎——這真不是一件容易的事。

因為上述種種緣故，在「故事」當中，我們幾個與政緯相熟的夥伴，都十分期待他在寫作方面的持續經營，而政緯則慨然回報了這樣一本厚實的書，書裡的六個章節，全係未曾發表的新作，除了方方面面地刻劃出朝鮮使節的故事樣貌，並且首尾連貫，呈現出長時段歷史的變化轉折。政緯同時憑藉著他對朝鮮歷史文獻的熟稔，添入了許多精采的圖像史料。假若讀者仍覺意猶未盡，建議你找到他早前出版的另一本（並不艱澀難讀的）學術著作《眷眷明朝》，配合本書一起閱讀，不僅有助於知識的增益，樂趣也是絕好。

在中文出版市場上，政緯這本書其實難得。今天走進坊間書店，若要在架上尋獲一本韓國史，選擇恐怕有限。而若想覓得一本書講朝鮮時代的赴明使節，那得換個地方，找一所藏書足夠豐富的大學圖書館。若是更貪心一點，要找到一部面向大眾、又具有知識深度的朝鮮時代故事書寫，政緯這本書，大約已是鳳毛麟角了吧。

寫韓國歷史的書籍如此貧乏，在出版能量充沛的臺灣，似乎頗為奇怪。近幾年，「韓流」對於亞洲各國的影響力，早不是新聞。以韓國史為題材的影視作品，在臺灣也頗有市場。前文提到的李成桂、李芳遠、鄭夢周、鄭道傳等歷史人物，在近幾年的韓國電視劇頻繁地登臺亮相，本書第二章末尾提到的柳成龍及其

《懲毖錄》，在二〇一五年，亦曾被韓國ＫＢＳ電視臺改拍成大河劇，中文世界也不乏觀眾。

韓國人的歷史故事，活躍於我們的螢光幕上，卻沒有相應的書寫能滿足社會大眾的知識欲求，真是很可惜的事情。政緯的這本書填補了一些缺憾，而如果讀者還期待更多作品，真應該試著敦促他、鼓勵他，一直寫下去（記得帶上幾瓶好酒，我想會有點用處）。

我沒有很明確地問過政緯，不過我想，喜歡寫作故事的人，多少都受了同一種念頭的影響：「這麼厲害的故事，不能只有我看到」。政緯的研究生涯仍在望前開展，他未來在學術路上的發現與創獲，必然也要與這本書裡的朝鮮使節一般精彩絕倫。期盼喜歡這本書的讀者能提醒他惦著那種衝動，把他的所見所聞分享給大家知道，並且持續地給我們寫故事。

目次

推薦序 使節與叛將，宗師與君王——《從漢城到燕京》之前的朝鮮歷史故事／陳韋聿 002
導言 015
第一章 從義州到北京：絡繹於途的求救信 037
被遺忘的功臣 042
求救請兵的藝術 046
一五九二，北京 050
壬辰之後，使者絡繹不絕 055
站在請兵陳奏使的背後 060
第二章 在戰爭結束後開始：魯認與姜沆的故事 067
丁酉再亂 069
忍耐與等待 072
天借順風，便到中華 074
奇策 076
在南原的另一個人：姜沆 080
好事空憑千里夢 083
巾車返鄉 085
戰爭少了點甚麼？ 087
那一年，我們站在一起 090

第三章 皇明中華的尾聲：最後的「朝天使們」 097
朝天・朝天官 101
國防線上 107
學術話題 110
最後朝天 115
線性描述的末世預言 121

第四章 清朝滅亡的隱喻：一棵等待盛開的枯木 125
從「朝天」到「燕行」 129
大明衣冠 132
在沒有中國的地方尋找中國 136
孝宗北伐 141
尋根：萬曆皇帝與思明 146
從荒涼到繁華 149

第五章 燕行即世界：十八世紀的「中國襲來」 155
被遺忘的「使者」 159
富貴險中求 161
中國製造 163
第一壯觀 167
消失的清單 169
禁紋，禁奢，禁中國貨物 172

北學中國 176

第六章 朝鮮人的「中國史難題」：中華？朝鮮？ 181
一副眼鏡 183
願見天下奇士 184
天涯知己 187
因友情而起的論戰 192
思明時代 194
歷史知識 199
朝鮮的歷史教育：童蒙讀物 200
朝鮮轉向內在 204
眷眷明朝 208

結語 211

【同場加映】那些年，東亞其實很熱鬧…… 223
使者徹夜未眠：申維瀚在日本的文學苦惱 224
沒有共識的共識：藏在外交辭令裡的戰爭 231

後記 246
主要登場人物 256
徵引書目 265

導言

重現過去，探尋古人的思想狀態，是歷史學家的職志。史家窮盡一生，蒐羅各種可能的線索，拼湊答案。正式出版的著作、私密珍藏的日記、課堂上的講話紀錄，文字像是海洋，史家意欲打撈名為意義的寶藏，揭露那夾在黑白之間的真相。甚麼最能顯露一個人的世界觀？他怎麼認識世界？定義自己與世界的關係？這是令人著迷的歷史疑問，帶領我們走到一張張地圖面前，重新思索，這是甚麼？

一位十八世紀的朝鮮人，他腦海中的「世界」是甚麼樣子？要徒步多遠，才能離開朝鮮？越過邊境，直至盡頭，是北極、南極嗎？世界是球狀圓體？人類曾經沒有Google Map，仍必須想盡辦法，刻劃世界的樣貌。可以說，關於世界的知識，背後由一套歷史認識支撐。遠渡重洋的遊歷是少數人的特權，描繪世界的模樣基於探索未知的熱情，是奢侈與浪漫；地圖，是最佳的代言人，向無緣外出的人訴說，這個世界不著邊際，但請聽我娓娓道來。

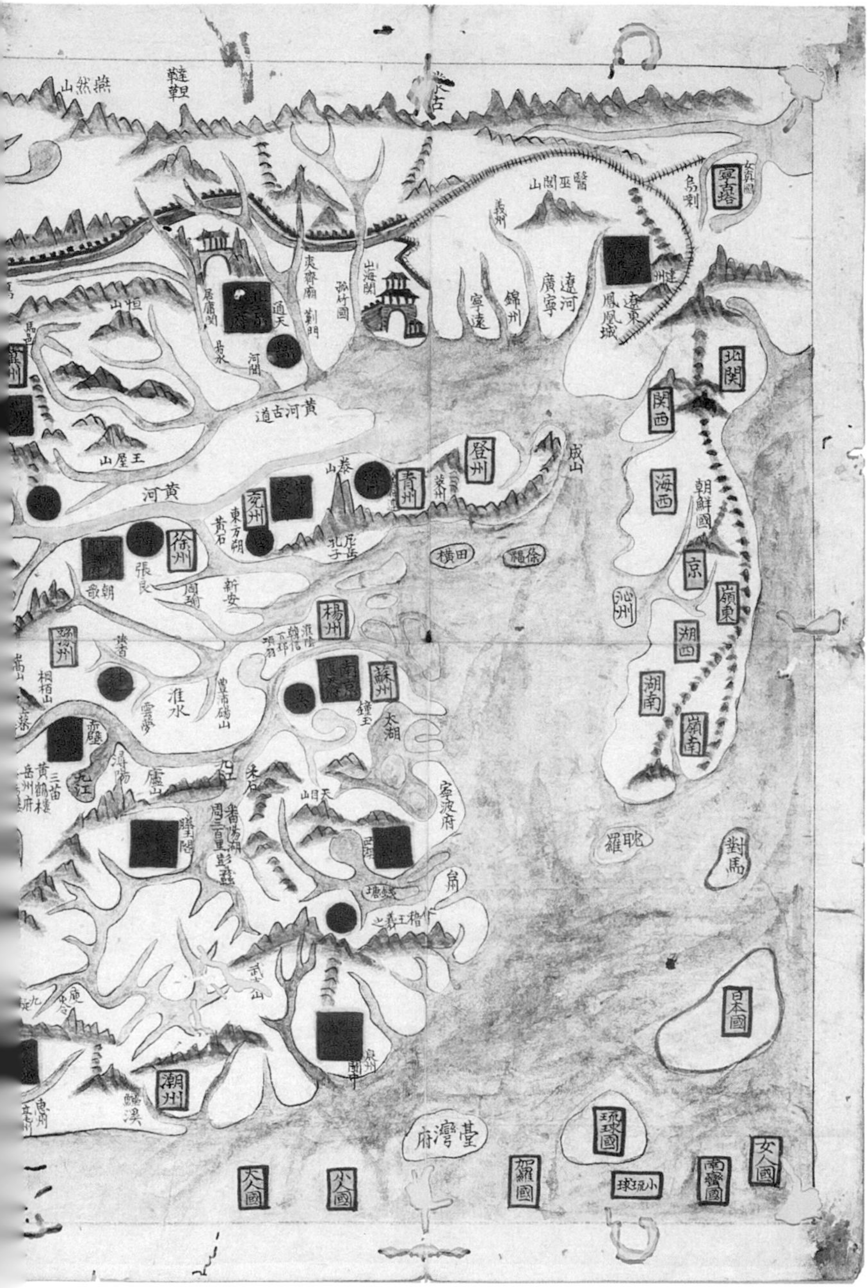

燕然山
韃靼
醫巫閭山
寧古塔
烏喇
遼東
鳳凰城
遼河
廣寧
錦州
寧遠
義州
山海關
孤竹國
夷齊廟
薊門
通天
居庸關
北京
恒山
易水
河間
黃河古道
王屋山
黃河
登州
成山
泰山
青州
兗州
東方朔
黃石
孔子
徐州
張良
新安
楊州
淮水
南京
蘇州
太湖
寧波府
天台山
鄱陽湖
廬山
九江
黃鶴樓
岳州府
三苗
潮州
鱷溪
臺灣府
北關
關西
海西
朝鮮國
京
嶺東
湖西
湖南
嶺南
沁州
橫田
徐福
耽羅
對馬
日本國
琉球國
大人國
小人國
加羅國
小琉球
南蠻國
女人國

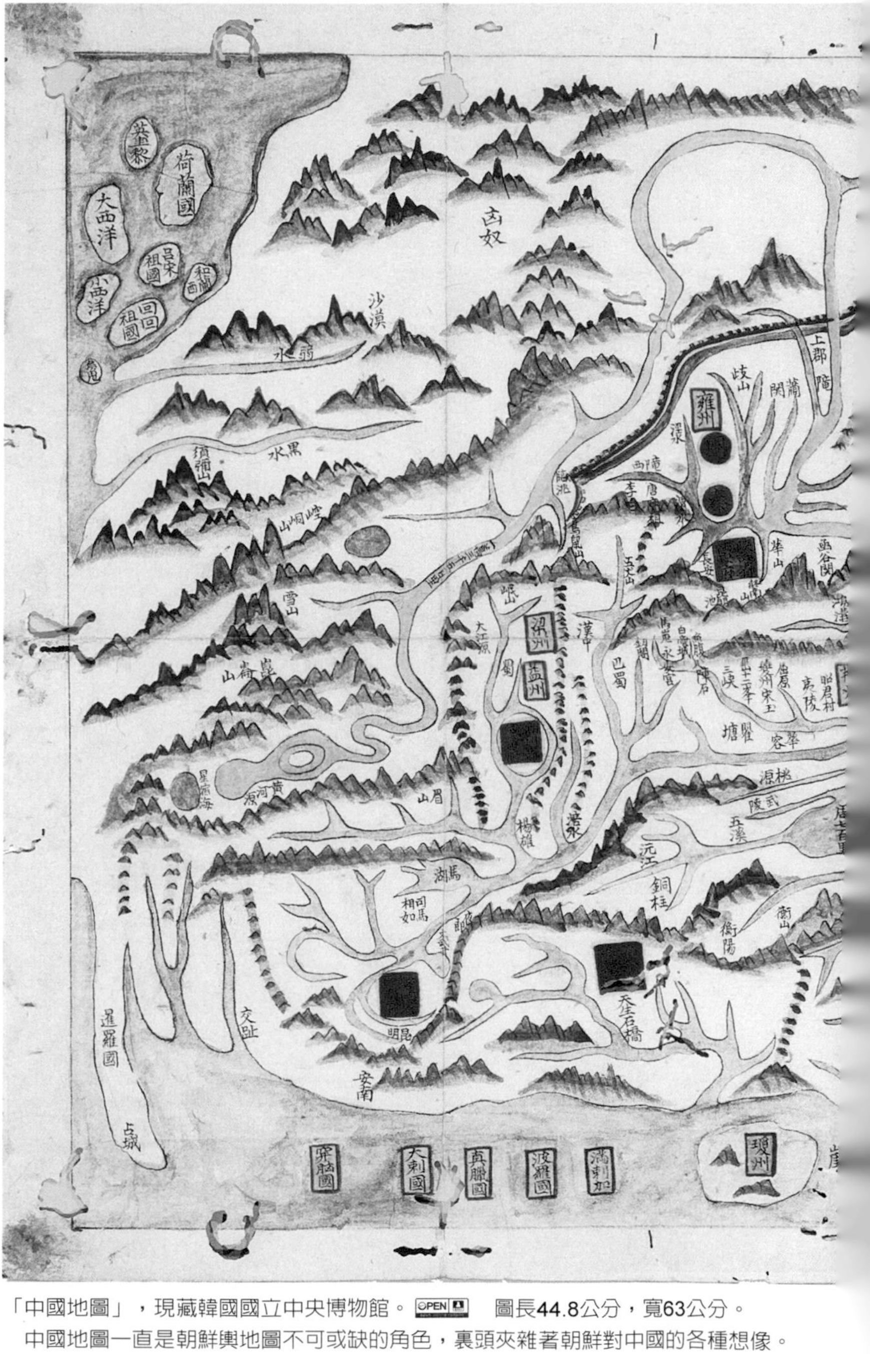

「中國地圖」，現藏韓國國立中央博物館。OPEN 圖長44.8公分，寬63公分。

中國地圖一直是朝鮮輿地圖不可或缺的角色，裏頭夾雜著朝鮮對中國的各種想像。

試著端詳兩張由朝鮮人繪製的地圖（頁十六、二十），我們可能較熟悉第一幅「中國地圖」。乍看之下，朝鮮人筆下的中國地圖，大體符合實情，不論是沿岸的輪廓，或是重要河川如黃河、長江的相對位置。當然，我們能輕而易舉地指出失真的部分：河川與陸地的比例失衡，中國大陸東部與西部的比例尺不一致。

然而，「真實」與否不是觀看地圖的唯一方法，中國地圖的巧妙處甚多，值得一一申述。首先，朝鮮半島的大小顯然與現實不符，放大不少。其次，此圖應作於清代，從圖右下側有「臺灣府」，右上有「寧古塔」、「瀋陽」即可知之。其三，畫者知道中國之外另有天地，左上角列有「荷蘭國」、「大西洋」、「小西洋」，左下角註明「暹羅國」、「占城」，透露來自域外的消息。不過繪者顯然是以中國為中心，於是勉強將中國之外的地理知識，緊縮一隅，聊備一格。

那麼，地圖中的中國本身有甚麼問題？

既然是一張清代的中國地圖，為何北京旁寫著「順天府」，南京則是「應天府」，這都是明代的用語。再者，圓圈紅底註明戰國時期的國家，又用小字寫下孔子、張良、東方朔、周瑜、郭子儀等歷史人物，這似乎不止是一張地圖，更像是歷史教材。在我眼中，這幅地圖呈現的是層累疊加的中國歷史，而且明顯是以朝鮮為中心出發的世界觀。

朝鮮領土的尺寸膨脹不少，相形之下，日本則顯著縮減。以朝鮮為中心，能夠發現更多圖中意在言外的表現方法，例如不論是由陸路、海路，朝鮮前往北京的旅程，地名標記頻繁，相對位置較準確。由朝鮮北上，經遼東、鳳凰城、廣寧、寧遠、山海關，這些順序皆符合實情。往西渡海，在山東半島登陸，北上直抵燕都，這些皆是粗略的輪廓中，精細的存在。這位朝鮮繪者投射更多的，始終是朝鮮自身，而不是中國，這是閱讀中國地圖的法門，提醒我們表層印象之後別有洞天。

中國地圖的意義是揭示另一條通往「真實」的道路，讀者必須在中國聆聽朝鮮的聲音，才能明瞭遼東、山東的細節何以如此詳盡，日本、荷蘭國卻遭受冷落忽視，這皆是有意識的安排，體現朝鮮的世界觀。

現在，目光移至第二張地圖「天下摠圖」，此類型的地圖又被稱為「天下圖」，在十七、十八世紀的朝鮮極其流行。目前學界對此圖所知不多，各有詮釋。[1]天下圖吸引眾多研究者注意，起因於它的不可解，這張地圖充斥太多未解

---

1 關於天下圖的研究，請參閱海野一隆，〈李朝朝鮮における地図と道教〉。黃時鑒，〈從地圖看歷史上中韓日「世界」觀念的差異——以朝鮮的天下圖和日本的南瞻部洲圖為主〉。目前的研究成果指出，天下圖的知識體系不少源自中國典籍、佛教、道教，而原型推測來自利瑪竇繪製的世界地圖《坤輿萬國全圖》。不少研究者認為，朝鮮人描繪中國以外的世界，天下圖象徵朝鮮突破中國中心。

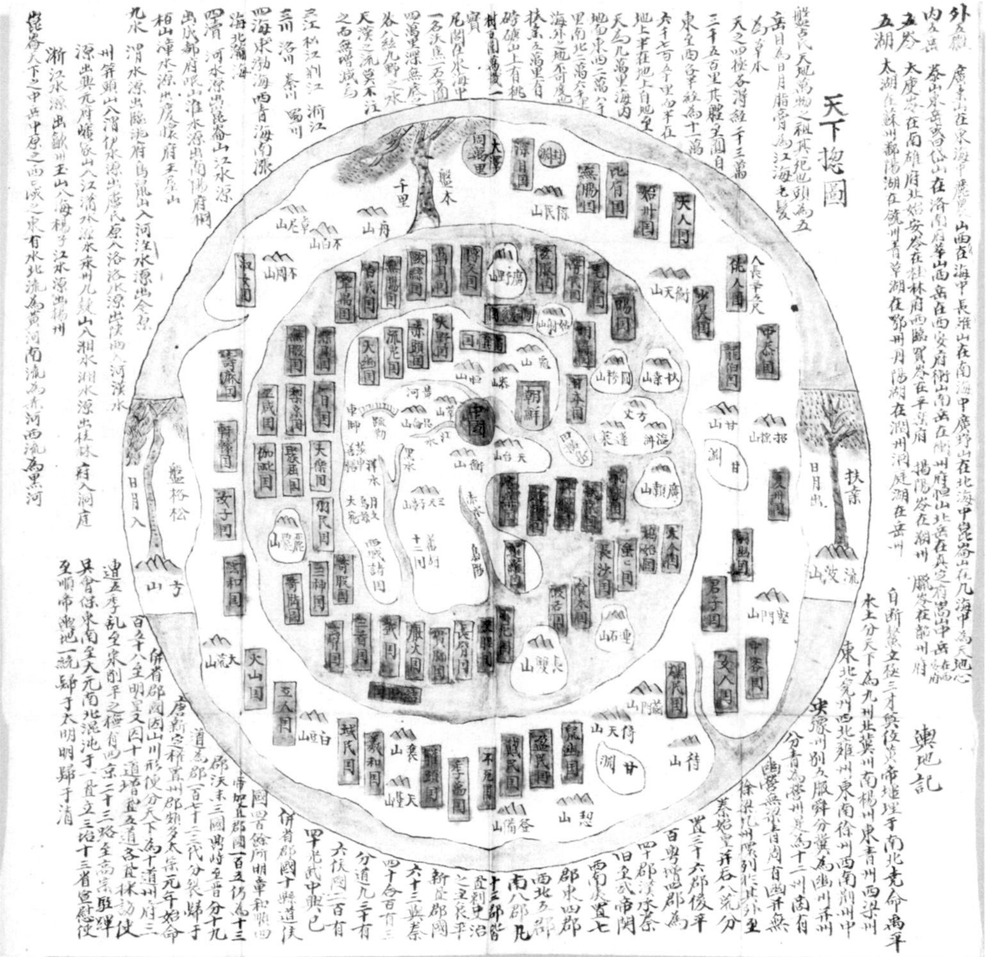

「天下揔圖」，現藏韓國國立中央博物館。 OPEN 圖長29.8公分，寬28公分。
天下圖可以說是超乎今人想像，另類的世界地圖。
關於這張地圖的謎團，至今仍是歷史學家熱衷討論的話題。

之謎。天下圖為什麼是一張「圓形地圖」，大陸與海洋為何是圓形的？中間的中國尚且容易理解，然而「三首國」、「流鬼國」、「大人國」，這些夾帶著詭譎氣氛與想像真實的名詞，卻滿布紙上，引人遐想。

如果請一位十八世紀的朝鮮人，描繪世界的模樣，上述兩張地圖是最常見的答案，這都是「真實」，絕非虛構。探究朝鮮人的世界觀令人著迷，地圖上未知的國度曾讓人信以為真：中國居於天下之中，世界圍繞著中國旋轉。世界起源從盤古開天闢地說起，繼而女媧補天，中國的歷史象徵天下，紙上密密麻麻的註解，說得更多的是中國，而不是今時今日的「世界」。中國曾經主宰東亞區域的知識，朝鮮上下莫不服膺。我總覺得，讀懂這兩幅地圖的方法，首先要了解中國，才能進而掌握朝鮮的位置。

從漢城到北京

前面提到的「中國地圖」對遼東的描繪最為細緻，原因極其簡單，因為這是朝鮮人最熟悉的路線。從元朝開始，直至清末，朝鮮人沿著幾乎一致的路線，絡繹不絕，由朝鮮前往中國，從漢城到北京。相較於中國內陸，遼東地區上諸如「鳳凰城」、「錦州」等小地名躍然紙上，理由不外乎這是朝鮮人的必經之地。

明代、清代的中國曾有一套與周邊國家互動的遊戲規則，學術式的稱呼是「朝貢冊封體系」，也就是經由中國肯認周邊國家的政治主權，周邊國家向中國名義上效忠，相互允諾所形成的國際政治關係。筆者無意深究朝貢體制的興起與衰落，只想指出，源於此項制度，朝鮮必須履行外交義務，逐年向中國派遣使節團。因此，朝鮮人在中國的旅行像是慣常的風景，他們穿梭於貢道上，從中國帶回最新的情報。這條路線是通向世界的窗口，主要向朝鮮展開。

朝鮮使節團是浩大的巡禮，成員約三百人，按例連年向中國開拔。明朝、清朝是傳統中國的盛世，人口眾多，百姓富足，制度精良，皆曾締造文化的偉業，很難想見歐洲國家能夠統領如此巨大的帝國，並各維繫二百餘年。朝鮮使者是親歷中國的見證人，他們約需耗費四十至六十日，走過一千二百公里，才能抵達北京。根據幾幅朝鮮人繪製的地圖，可知路程貫穿遼東，他們先是穿越崇山峻嶺，見識沙漠荒野，然後目睹天下第一關「山海關」，接著走進最繁華的北京城。

朝鮮使臣在北京有固定的居所，也就是接待外國使節的會同館，因為就在玉河橋旁，俗稱玉河館。在明代，朝鮮貢使停留四十日，然後踏上歸途。相形之下，清代較為寬鬆，使節團可以停留兩個月，間或有超過的例子。從朝鮮人的世界地圖，談至朝鮮使節團，實是因為使節團的成員值得一提，其中不乏朝鮮思想界的著名文人，他們來回往復中朝之間，形塑朝鮮的世界觀。[2]

朝鮮素稱禮儀之邦，自號「小中華」，也就是最像中華的外邦人。為了凸顯自身的文化高雅，朝鮮官方揀選頗具威望的高官，以及擅長漢文詩賦的文臣，擔任使節團的要職。他們穿著明朝樣式的服裝，走在前往中國的道路上，處處彰顯漢學素養，體現東國有人的尊嚴。朝鮮自一三九二年開國後，仿效明朝制度，科舉同樣使用儒學經典，是一個處處復刻明朝的國度。理解這一層，才能想見朝鮮使臣履及中國土地的喜悅與振奮；這不僅是政治上的宗主國，更是文化母國，前往中國的使行不惟是政治任務，更像是朝聖問道的實踐。

這種情況在清代突遭巨變，代明朝而起的清朝不是漢人政權，而是源自東北，被朝鮮視為夷狄的「女真人」。如止文幾章所示，清朝代替明朝興起是對朝鮮最嚴重的打擊，他們一方面咀嚼明朝滅亡的悲傷，另一方面思索何去何從。小中華如何自處世界，是數個世代朝鮮讀書人的疑惑。從今人的角度觀之，理解清朝的關鍵詞絕非「夷狄」，事實上這是一個疆土遠邁前朝，歷久綿長的偉大時

2 關於朝鮮使節團的研究，請參閱全海宗，〈清代中朝朝貢關係考〉。張存武，《清韓宗藩貿易》。

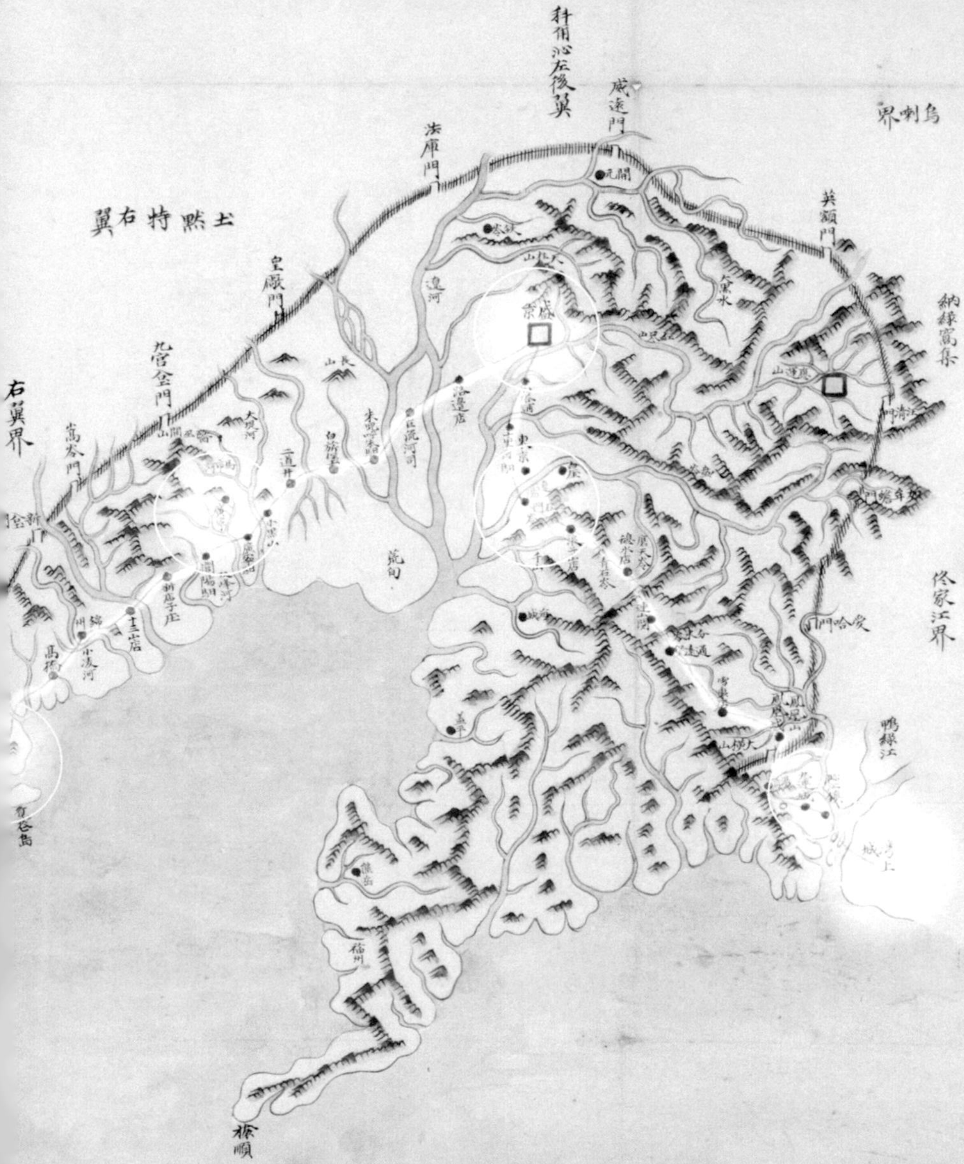

科爾沁左後翼
威遠門
烏喇界
法庫門
土默特右翼
英額門
皇廠門
遼河
盛京
納綠窩集
九官台門
右翼界
高台門
薩穆禪山
佟家江界
鴨綠江
旅順

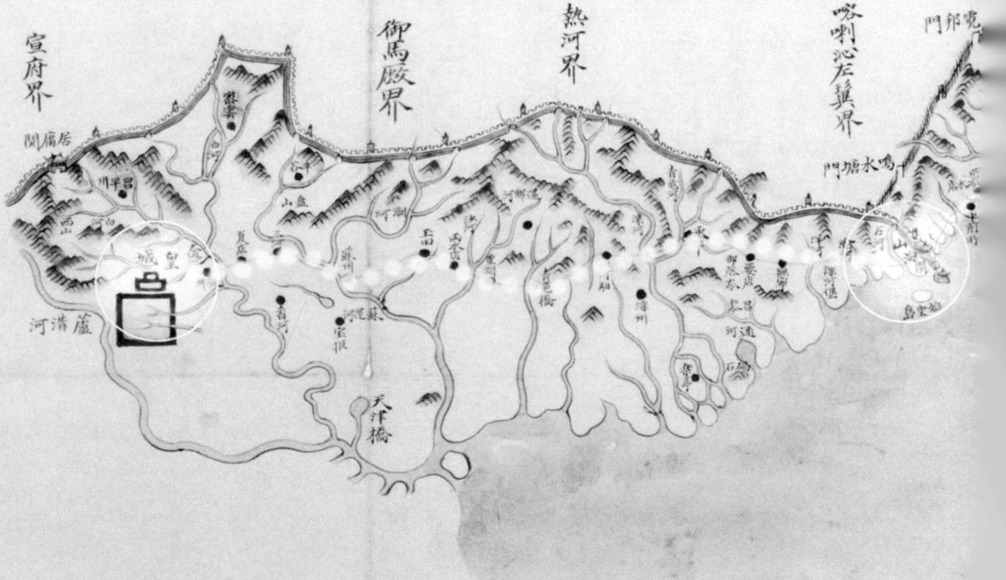

「義州北京使行路」，現藏韓國奎章閣圖書館（古4709-78）。
這張地圖清楚地呈現，朝鮮使者來往中國、朝鮮的路徑。

代。然而，對於這些身著「大明衣冠」的朝鮮人而言，「清國是胡虜夷狄」的觀念根深蒂固，牢不可破。他們認為中華文化已亡，指責清代的漢人不思念明朝。於是朝鮮使者在中國的旅程，像是尋訪明朝的過往，他們憑弔逝去的文化母國，即使政治上服膺清國，內心卻未曾退讓一步。

中國見聞

明、清時期的中國是怎麼樣的時代？這是複雜的問題，朝鮮使臣在中國的見聞像是一條線索，提供與眾不同的答案。前往中國是此生難得的際遇，因此不少跟隨使節團進京的讀書人，將所見所聞寫下，這可能是一份日記，也可能是提交官方的報告書。按照慣例，使節團中的「書狀官」返抵朝鮮後，需要向朝鮮國王提交見聞，這像是官方差旅的核銷報告，內容是最新的中國觀察，讓遠在千里之外的朝鮮宮廷，知悉世界變遷的消息。

相較於呈交官方的報告書，性質私密的日記更引人注目。日記像是封藏心底的悄悄話，只能跟自己說。根據現有的研究可知，寫作日記的動機，部分是為了回國後出版一本最權威的「中國觀察」，因為得以前往中國的終究是少數，光榮返鄉的人才有話語權。無緣一睹中國的朝鮮人才是多數，他們透過閱讀前人的筆記、日記、報告書，在朝鮮體驗中國。由此觀之，朝鮮使節團實扮演吃重的角色，他們不僅僅是政治使者，更是中國觀察團、中華文化的傳譯員，他們與朝鮮國內的讀者共享眼前的中國。

深入朝鮮使者的日記，是理解朝鮮世界觀的第一步。我們必須反覆切換中國、朝鮮的視角，在交錯變換的過程中捕捉朝鮮讀書人的思想狀態。觀看中國地圖的方法，是以朝鮮為中心，畫一個同心圓，層遞推展，含括全局。因此，閱讀中國，就是理解朝鮮，而朝鮮使臣的中國之旅是完美的機遇，提供所有必備的素材：文化認同、歷史知識，以及大時代的衝擊，打造出獨一無二的故事。

燕行錄

學界習慣將朝鮮使者的見聞稱為《燕行錄》，燕是北京的古稱，可以簡單地將此理解為「前往北京的紀錄」。然而，這種稱呼流行於清代，不是明代的產物。對於景仰明朝的朝鮮人而言，這不是燕行，而是朝見天朝上國的行旅，因此常稱以《朝天錄》、《朝天日錄》，由此可見朝鮮人對明朝、清朝的觀點迥然有別。

《燕行錄》是來自域外的中國觀察，歷明、清兩代不斷，根據統計，朝鮮平均每年向清朝派遣三個使節團，這是一個規律性「發現中國」的歷史機制。中國與朝鮮的文化交流，不只是目睹大山大海的旅行，他們帶回的資訊比起所見所聞更值得關注。朝鮮使節在中國尋訪金石書畫，他們竭力蒐羅關於中國的知識，裝箱封存，運回朝鮮。燕行是莫大的文化工程，向朝鮮輸入最新的中國，我們能藉此窺視朝鮮讀書人對中國的感懷與觀察，也能從中領略中國的風貌。

關於書名

明清兩代的首都，除了明朝初年定鼎南京外，絕大部分的時間都肇基北京。朝鮮使者對於中國的首善之都另有稱呼，尤其在清代，特別稱為「燕京」。如前所述，因為出使的終點是燕京，於是又稱使行為「燕行」。這個詞彙在朝鮮的語境中，甚是平常。明萬曆元年（一五七三），朝鮮官方即派遣使者「發向燕京」，[3]最後一任赴明使節金堉（一五八〇－一六五八）亦自稱是「奉使燕京」。[4]

明清易代，相同的首都換了不一樣的主人，不變的是朝鮮使臣繼續使用「燕京」代稱北京，有時甚至作為「大清」的同義詞。清康熙十五年（一六七六），

3 《朝鮮王朝實錄》，宣祖六年六月二十八日，己卯條。

4 《朝鮮王朝實錄》，孝宗九年九月五日，己亥條。

朝鮮君臣議論起清廷編修《明史》，便說道「燕京所修之《明史》」，[5]在此「燕京」等同「大清」。朝鮮國王接見使者，也是聆聽他們「陳燕京事情」，[6]這裡說的不惟是北京趣事，更是諸多中國見聞。

綜觀本書各章的故事，朝鮮使者登場的舞台散落兩處之間，即朝鮮國首都「漢城」，與明、清兩代的京師「燕京」。筆者選擇燕京取代北京，一方面考量到朝鮮讀書人出使北京慣用燕行的古意，一方面這個頗具朝鮮特色的詞彙，[7]強調本書係從朝鮮貢使的視野出發，考察他們眼中的東亞世界（朝鮮、中國、日本）。

旅程

本書旨在述說朝鮮使者在中國的故事，目的是揭示朝鮮人眼中的景色，引領我們重新體會各種歷史故事，進而探究朝鮮讀書人的世界觀，闡明他們心底的中

5 《朝鮮王朝實錄》，肅宗二年一月十八日，辛亥條。

6 《朝鮮王朝實錄》，肅宗二十二年三月十九日，乙亥條。

7 已故福岡大學名譽教授山本治夫曾指出，「燕京」對於十七、十八世紀的朝鮮讀書人而言，集結了各種關於清朝的負面印象。由此觀之，燕京堪稱是一個頗具朝鮮特色的詞彙，與同時代中國的用法不同。詳參氏著，〈十八世紀東アジアの開明思潮の隆替と現代意識（A）——燕行録類を基軸にして—〉，頁一－二。

國與天下，究竟有多遠有多大。故事的終結是朝鮮忘卻了明朝，為了追述這段思想運動的興起與衰微，必須從一場東亞國際戰爭談起，直至一段中國、朝鮮的真摯友情而止。以下，簡述各章的構思。

第一章〈從義州到北京：絡繹於途的求救信〉從一五九二年的壬辰倭亂說起。關於這場戰爭的專精研究甚夥，學者關注豐臣秀吉出兵朝鮮的動機，以及在朝鮮半島上四處燃起的狼煙。是誰擊退日軍，保衛山河，這是中國、韓國史家的興趣所在。相形之下，本書無意為戰爭蓋棺論定，評斷誰是誰非，筆者的企圖是述說朝鮮使者的故事。我們容易忽略戰爭期間，來回義州、北京的朝鮮使臣，他們拚盡一切，只為保全母國。當國家危在旦夕，這些使臣經歷甚麼？他們做了甚麼？這是本章想要探究的隱微故事。

第二章〈在戰爭結束後開始：魯認與姜沆的故事〉試圖描繪另一場戰爭。將目光遠離朝鮮半島，壬辰倭亂仍持續進行。兩位朝鮮人因緣際會被俘，而流亡日本，奔回母國是他們畢生職志。他們如何出逃？在日本淪為人質俘虜的歲月，造就甚麼樣的日本觀？更重要的是，透過他們的眼睛，理解壬辰倭亂的另一面向。

第三章〈皇明中華的尾聲：最後的「朝天使們」〉目標是呈現明代中國的景貌。在壬辰倭亂之後，一般認為朝鮮知識人孺慕中國，感激明朝再造朝鮮的恩德，感戴明朝是中華文化的母國。細細審酌朝鮮使臣的明朝觀察，在倭亂之後，他們如何評價中國？這是符合理想，實踐儒家的烏托邦嗎？再者，朝鮮與明朝緊密連結，當明朝走向死亡，朝鮮遊人能嗅出亡國的氛圍嗎？他們如何經歷明末，面對大時代的崩裂？

第四章〈清朝滅亡的隱喻：一棵等待盛開的枯木〉說的是明朝滅亡後的故事。一六四四年，明朝滅亡，這不僅是中國人的難題，也是朝鮮人必須回應的設問。在明朝滅亡之後，朝鮮如何安排自身的位置，他們如何看待清國的存在。最弔詭的莫過於清國入關後，歷經順治、康熙，直至乾隆年間，四境晏然，歌舞昇平。信奉「胡虜無百年之運」的朝鮮使者，如何理解、回應這個世界，他們是堅守愛戴明朝的立場，還是悄然改變？

第五章〈燕行即世界：十八世紀的「中國襲來」〉著眼於物質文化，尤其是來自中國的商品。十八世紀，中國製造的貨物宛如潮水，席捲朝鮮上下。朝鮮使節團不僅肩負文化任務，同時也是重要的商貿管道。朝鮮如何透過使行貿易，向中國購買各種必需品？朝鮮使者與清國的物質交流，如何影響他們對中國的觀感，形塑新的世界觀？此外，朝鮮使節團的亮眼明星，不應止於舞文弄墨的文人士大夫，那些隨團出行的奴僕、譯官、管理馬匹的下人，同樣值得關注。

第六章〈朝鮮人的「中國史難題」：中華？朝鮮？〉作為最後一章，一方面總結前面幾章的脈絡，呼應各種歷史陳因的積累；另一方面，試圖闡明朝鮮的世界觀在十八世紀的劇烈變遷。在明朝滅亡之後，朝鮮讀書人普遍思念明朝，他們熱衷於撰寫明朝歷史，甚或放棄仕途，為明朝守節。這不是與眾不同的選擇，而是數個世代有志一同的表態。然而，這一切究竟如何終結？在最「思明」的世代，他們如何遺忘明朝，逐漸走向今日的韓國主體認同？本章以一場中國、朝鮮的友情開端，進而申論其歷史意義，道出思明現象的尾聲。

朝鮮使者來往中國、朝鮮之間，寫下無數關於中國的觀察。但是，正如「中國地圖」所示，即使在名為中國的場域，我們仍應注意朝鮮的份量，這像是畫中畫，提醒著朝鮮主體性的存在。越過高山與深河，朝鮮貢使看見甚麼？這是最令我著迷的問題，而本書是最渺小的嘗試。我想訴說，地圖上的未知有意義；我想描繪，一幅名為朝鮮的思想地圖。

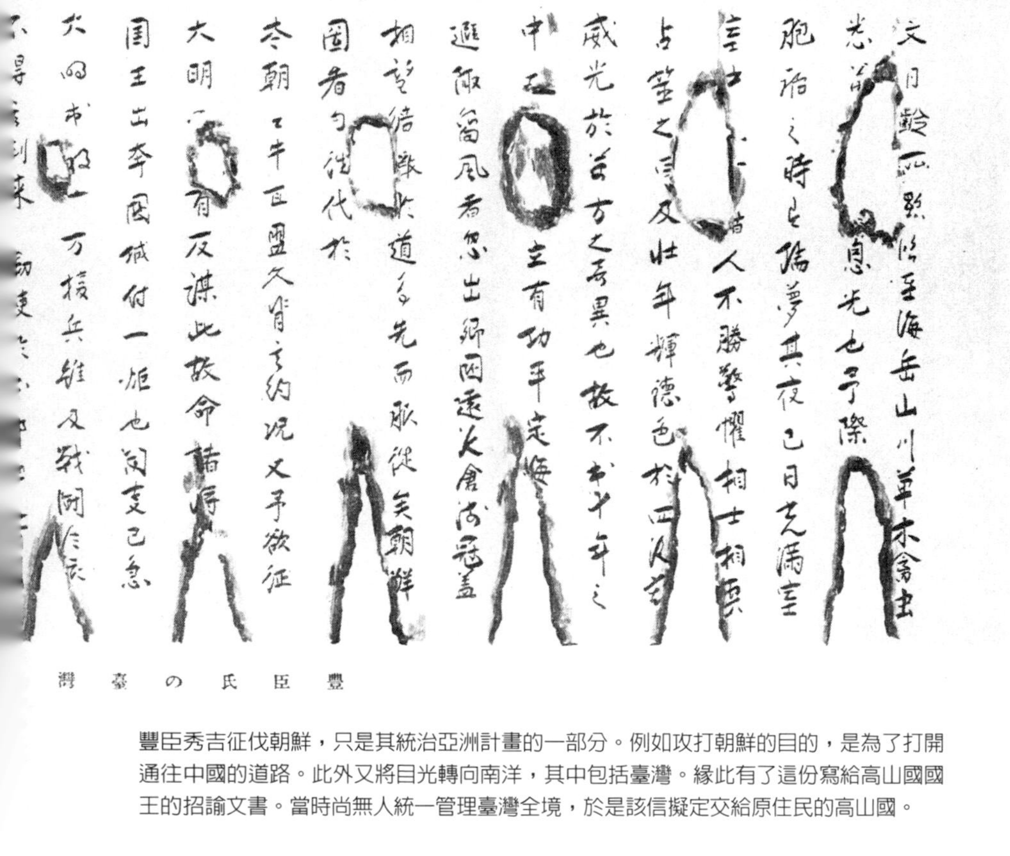

灣臺の氏臣豐

豐臣秀吉征伐朝鮮，只是其統治亞洲計畫的一部分。例如攻打朝鮮的目的，是為了打開通往中國的道路。此外又將目光轉向南洋，其中包括臺灣。緣此有了這份寫給高山國國王的招諭文書。當時尚無人統一管理臺灣全境，於是該信擬定交給原住民的高山國。

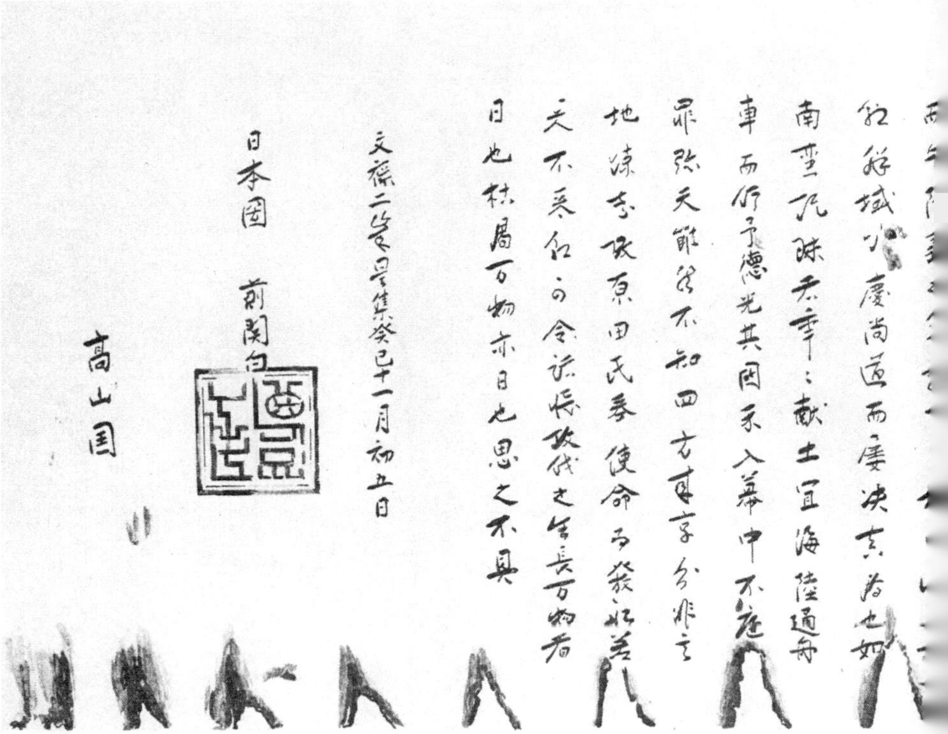

鮮域中慶尚道而屢決真偽也如
南蠻琉球者年年獻土宜海陸通舟
車而仰予德光其国未入幕中不逞之
罪弥天雖然不知四方來享則非其
地疏志故原田氏奉使命而發船若是
不来朝可令諸將攻伐之生長万物者
日也枯竭万物亦日也思之不具
文禄二年星集癸巳十一月初五日
日本国　前関白
高山国

りし古文書

豐臣秀吉高山國招諭文書（收錄於伊能嘉矩編，《臺灣志》，1911）

全文：

夫日輪所照臨，至海岳山川草木禽蟲，悉莫不受他恩光也。予際欲處慈母胞胎之時，有瑞夢，其夜已日光滿室，室中如書；諸人不勝驚懼。相士相聚占筮之，曰：及壯年輝德色於四海，發威光於萬方之奇異也。故不出十年之中，而誅不義、立有功，平定海內。異邦遐陬嚮風者，忽出鄉國遠泛滄海，冠蓋相望結轍於道，爭先而服從矣。朝鮮國者，自往代於本朝有牛耳盟；久背其約。況又，予欲征大明之日，有反謀。此故，命諸將伐之。國王出奔，國城付一炬也。聞事已急，大明出數十萬援兵；雖及戰鬪，終依不得其利，來勅使於本邦肥之前州，而乞降。繇之築數十箇城營，收兵於朝鮮域中慶尚道，而屢決真偽也。如南蠻琉球者，年年獻土宜，海陸通舟車，而仰予德光。其國未入幕中，不逞之罪彌天。雖然不知四方來享，則非其地疏志；故原田氏奉使命而發船。若是不來朝，可令諸將攻伐之。生長萬物者，日也；枯竭萬物亦日也。思之，不具。

文祿二歲・星集癸巳・十一月初五日。日本國・前關白

第一章　從義州到北京：絡繹於途的求救信

一五九二年，八月之秋。
豐臣秀吉的大軍登陸釜山，
朝鮮國王李昖拋棄人民，倉皇出逃。
如果說朝鮮王朝幾度瀕臨亡國，
那麼，這是最接近的一次。

如果讓你編纂一本東亞的歷史教科書，第一個登場的歷史事件是甚麼？我的答案是始於一五九二年的一場戰爭。

這影響深遠的歷史事件，至今仍籠罩在東亞的上空，揮之不去。出於各種原因，這場戰爭有許多名稱，如果按照天干地支的計算方式，那一年是壬辰年，日本揮軍攻打朝鮮，於是有人稱作「壬辰倭亂」。同時，這場戰爭列入明朝萬曆皇帝（一五六三－一六二〇）任內的三大戰役之一，於是被稱作「萬曆朝鮮之役」。另一個參戰國日本則是以天皇的年號命名，是為「文祿・慶長之役」。三種命名方式，指涉三個政治實體。一五九二年，大明、朝鮮、日本，沒有人能夠脫身，他們一同揭開這場「國際戰爭」的序幕。

歷史學家對這場戰爭充滿興趣，它是一個跨國的「火藥戰爭」，動用當時最先進的火藥武器；它導致大量朝鮮人被俘虜至日本，許多朝鮮的手工藝（陶器）、圖書藝術、儒學思想也走進日本國內；它促進朝鮮、大明兩國的友好，在明朝滅亡（一六四四）之後，朝鮮君臣始終沒有忘記這份恩情。更重要的是，四百年前日本攻打朝鮮，大明出兵相救，容易令人聯想到：二十世紀初期的「日韓合併」、韓戰時期的「抗美援朝」。一五九二年像是不斷湧現泉水的歷史古井，不斷與世更新，時至今日仍值得深入探究。

關於這場戰爭的過程，可簡單地歸納如下：

一、一五九二年，豐臣秀吉（一五三七－一五九八）以征服大明為目標，出兵朝鮮。

二、戰爭初期，日軍連戰皆捷，僅費二十日就攻下漢城。

三、同年，朝鮮君臣逃到邊境義州，向大明求救。

四、大明出兵朝鮮，替朝鮮奪回平壤。

五、之後兩軍僵持，互有勝負，進入和談，間有小衝突。

六、和談破裂，開始第二次正面對抗。

七、朝鮮名將李舜臣（一五四五－一五九八）在海上連戰皆捷，大明・朝鮮聯軍佔上風。

八、一五九八年，豐臣秀吉去世，不久日軍退兵，戰爭結束。

根據上述八點，三國的研究者耗盡精力，琢磨著如何還原戰爭始末，他們想知道是甚麼促使戰爭發生，更想找出是哪些因素造成最終的結果。為了解決這些問題，學者嘗試研究豐臣秀吉的生平，試圖在他卑微的出身上，尋覓出那「征服大明」美夢的來源。此外，戰爭初期，日本勢如破竹，為何最終沒能征服朝鮮？

大明朝廷為何願意援助朝鮮？歷史學家認真釐清當時戰場上的配置，大明的軍隊在哪裡？朝鮮的軍隊在哪裡？誰是主力部隊？哪個戰術錯誤導致最終的結果？綜觀大部分的研究，他們的目標始終在「戰場」上，關注於戰場上的「英雄」，是他們的決定為戰爭劃下句點。

這場戰爭不缺英雄，大明將軍李如松（一五四九－一五九八）一日就攻下日軍佔領的平壤城，朝鮮名將李舜臣在海上從未戰敗，兩位都是永載史冊的人物。平心而論，即使作為侵略方的日軍，如小西行長（？－一六〇〇）、加藤清正（一五六二－一六一一）亦是不可忽視的將領，倘若不是他們勇武有加，日軍的推進豈能如此順利。

然而，這就是戰爭的全部嗎？詮釋豐臣秀吉的心境、還原戰場的配置圖、分析重要將領的戰術，藉此斷言誰勝誰負；進而納入坐在朝堂上的各國官員，以及戰場上的軍人，串起整個故事。然而，是不是還有一些新的面向？本章就是對此疑問的一種嘗試。

在戰爭結束之後，一如預期，李舜臣、李如松等人都受到不同程度的表揚，李舜臣雖然在此役中已殉國，但仍被朝鮮官方封為「第一等宣武功臣」，即榮譽最高的有功臣僚。值得注意的是，有另一群功臣不以「宣武」為名，卻同樣為朝

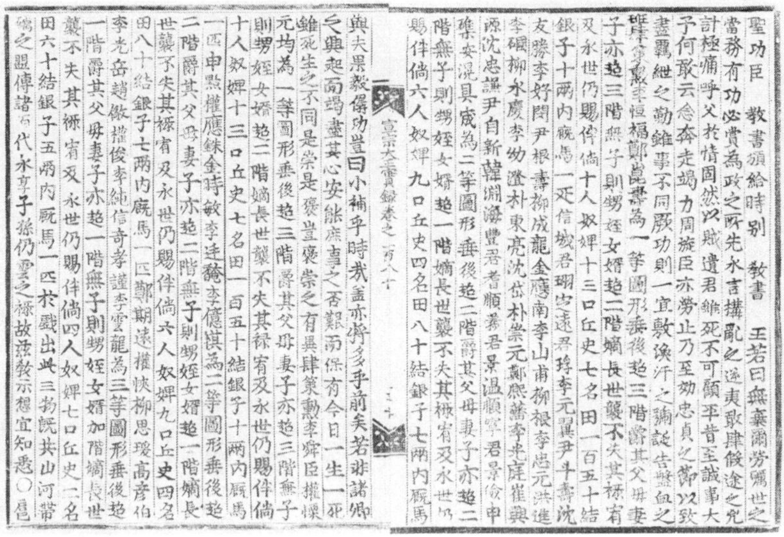

聖功臣 教書頒給時別 教書 王若曰無棄爾勞囑世之
當務有功必賞爲政之所先永言搆亂之逆夷敢肆假途之兇
計極痛呼父於情固然以賊遺君雖死不可顧平昔至誠事大
予何敢云念奔走竭力周旋臣亦勞止乃至効忠貞之節以致
盡羈紲之勤雖事不同厥功則一宜敷渙汗之綸誕告盤血之
盟[illegible]李恒福鄭崑壽爲一等圖形垂後超三階爵其父母妻
子亦超三階無子則甥姪女壻超二階嫡長世襲不失其祿宥
及永世仍賜伴倘十人奴婢十三口丘史七名田一百五十結
銀子十兩內廐馬一疋信城君珝定遠君玲李元翼尹斗壽沈
友勝李好閔尹根壽柳成龍金應南李山甫柳根李忠元洪進
李碣柳永慶李劬澄朴東亮沈岱朴崇元鄭熙藩李光庭崔興
源沈忠謙尹自新韓淵海豐君者順義君景溫順寧君景儉申
磼安滉具宬爲二等圖形垂後超二階爵其父母妻子亦超二
階無子則甥姪女壻超一階嫡長世襲不失其祿宥及永世仍
賜伴倘六人奴婢九口丘史四名田八十結銀子七兩內廐馬

宣宗大王實錄卷之一百八十 三十

與夫果毅偉功豈曰小補乎時哉盖亦僻多乎前矣若非諸卿
之興起而竭盡其心安能底事之否艱而保有今日一生一死
雖死生之不同是崇是褒豈褒崇之有異肆策勳李舜臣權慄
元均爲一等圖形垂後超三階爵其父母妻子亦超三階無子
則甥姪女壻超二階嫡長世襲不失其祿宥及永世仍賜伴倘
十人奴婢十三口丘史七名田一百五十結銀子十兩內廐馬
一匹申點權應銖金時敏李廷馣李億祺爲二等圖形垂後超
二階爵其父母妻子亦超二階無子則甥姪女壻超一階嫡長
世襲不失其祿宥及永世仍賜伴倘六人奴婢九口丘史四名
田八十結銀子七兩內廐馬一匹鄭期遠權悏柳思瑗高彥伯
李光岳趙儆權俊李純信奇孝謹李雲龍爲三等圖形垂後超
一階爵其父母妻子亦超一階無子則甥姪女壻加階嫡長世
襲不失其祿宥及永世仍賜伴倘四人奴婢七口丘史二名
田六十結銀子五兩內廐馬一匹於戲出此三物既共山河帶
礪之盟傳諸百代永享子孫仍雲之祿故茲教示想宜知悉○扈

《朝鮮王朝實錄》關於賜鄭崑壽「功臣」名位的記載

鮮官方重視，他們的名稱是「扈聖功臣」。單從字面上理解，扈聖可以說是跟隨、擁戴朝鮮國王，也就是說這些人在戰爭期間，始終不離國王左右，盡心盡力輔佐。事實上他們做得更多，其中多位肩負重任，派往中國，與大明的官員周旋談判，請求盡快出兵。這些朝鮮使者夾在兩國之間，居中協調，不僅促成大明發兵，更幫助明軍加速熟悉狀況，畢竟大明的軍人將踏上一片未知的土地，與一眾未知的敵人決戰。

故事將從一位被遺忘的功臣談起，他的名字是鄭崑壽（一五三八－一六〇二），戰後受封為「第一等扈聖功臣」，理由是他說服大明，為朝鮮帶來援兵。當他出發時，朝鮮國王曾說「國家的生與死，就看你這一次了。」（國之存亡，在卿此行）[1] 從後見之明看來，鄭崑壽成功地完成任務，一切是如此地順利。

1 鄭崑壽，《赴京日錄》，頁二八一。

然而，如果我們永遠站在結果眺望過去，那麼將忽略許多「不如預期」的風景。大明真的會義無反顧地援助朝鮮嗎？作為使者去中國求救是怎麼一回事？鄭崑壽的日記，以及向朝鮮國王呈遞的報告書，帶領我們深入一五九二年的北京城，體驗歷史的波折與不確定性。

本書是基於朝鮮、中國的文獻而撰寫的，主角大部分是朝鮮使者，因此以下統一將這場發生於一五九二年的戰爭稱為「壬辰倭亂」。現在，就讓我們跟著鄭崑壽的腳步，踏上請兵求救的道路。請各位讀者切記，有時情緒往往壓倒理性，左右人的判斷，有時候謠言比真實來得有力。請試著遺忘戰爭的結果，因為現在戰爭才剛剛開始。

被遺忘的功臣

一五九二年八月[2]，時值秋季，萬物肅殺，朝鮮國王宣祖李昖（一五五二—一六〇八）的心情是越發蕭索。這一年是李昖即位的第二十五年，同時他恰好年滿四十歲，古代稱作不惑之年，意思是能夠明辨是非，不迷惑於事物。然而豐臣

[2] 除特別註明，本書的時間皆按陰曆，方便讀者查找史料，特此說明。

秀吉的大軍登陸釜山之後，李昖沒能發揮明辨是非的政治智慧，他選擇拋棄百姓，逃離首都漢城，一路北行。現在他落腳於大明、朝鮮的邊界，丟失絕大部分的領土，且尚未掌握敵軍的相關情報。如果說朝鮮王朝有哪幾次瀕臨亡國的邊緣，這是最接近的一次。

面對這樣的難題，李昖盤算的不僅是向大明求援而已，他甚至願意率領嬪妃投奔大明懷抱，當一個安樂的王爺。在朝鮮臣僚屢次的勸阻之下，李昖雖打消念頭，但仍不停地向宗主國討救兵，渴望天朝的軍隊兵臨朝鮮。

李昖曾幾次派遣使者前往中國，也確實接受過大明遼東地區軍隊的援助，那是一支約三千人的軍隊。相較於日軍傾全國之力，出動十六萬人，這三千人真是杯水車薪。會出現這樣的落差，必須責怪朝鮮向大明聯繫時沒有交代清楚。最初只說是倭人來襲，遼東軍以為是地方性的叛亂，於是只派這麼一支特遣隊。

遼東派來的三千人由副總兵祖承訓帶領，他們於七月曾攻打被日軍佔領的平壤城，因為人數上的巨大差異，最終大敗而歸。此後大明再也沒有派遣軍隊進入朝鮮，在這樣的情況下，李昖心情之苦悶可想而知。既然內附不成，那麼就繼續討救兵，直到趕跑敵人為止。他決定再揀選一位官員擔任使者，火速趕往大明朝廷，懇求大軍即刻發兵朝鮮。這個人選的官職不能太低，且必須要能察言觀色，應對進退得宜，最好有相當歷練。在這樣的條件下，時任大司諫，位階正三品的鄭崑壽進入李昖的口袋名單，那一年他五十四歲，同樣感受到朝鮮國的寒冬將至。

鄭崑壽，字汝人，號柏谷。他六歲開始讀書，二十一歲跟隨著名的朝鮮儒者李滉（一五〇一－一五七〇）學習，文采在朝鮮國內極為出名。根據他的個人著作《柏谷集》，我們得以勾勒出當時朝鮮君臣在義州（現朝鮮民主主義人民共和國義州郡）的情況，其中也詳細交代鄭崑壽出使中國的始末，是一份不可多得的資料。

鄭崑壽肖像，現藏韓國國立中央博物館

透過鄭崑壽的日記，一五九二年八月的朝鮮可說離亡國之秋不遠，當時朝鮮君臣所知有限，他們間斷地獲得一些情報，但難以判斷真假。曾有傳言說地方的起義軍收復安東（今安東市），李昖卻問官員「這是真的嗎」，顯見人心動盪，缺乏信心。更重要的是，身處義州的高級官僚，對於戰爭缺乏整體的認識。自戰爭開打後，政治中心一直移動，他們甚至跑得比敵人追趕的速度還快，因此脫離原先的公文傳遞系統，缺乏足夠的情報瞭解日軍。

戰爭初期，最重要的任務是掌握敵軍的走向，曾有一次宣祖李昖詢問官員，全羅道的日軍突然沒了音訊，是去哪裡了，居然沒人能給出明確的答案。相形之下，日軍可說是做足功課，連朝鮮官員都承認「我們不能夠探知日軍的消息，而他們反而頗了解我們的狀況。」（我國不能間諜，而倭反能為，頗知我國情狀）[3]

可以想見，當時朝鮮上下已然慌亂，他們不清楚敵軍確切的數目，只知道「人數很多」；也不知道地方義軍的動向、戰果；不知道還掌握多少領土、有多少糧食、物資可以支用。在這樣的情況下，他們必須想出一套說詞，令大明即刻發兵。

---

[3] 鄭崑壽，《赴京日錄》，頁二二八〇。

求救請兵的藝術

一般印象中的「求援請兵」極其簡單，不論是形諸影視作品，或是見諸文字，都像是一道簡單的手續，立即完成。關於壬辰倭亂的電影、電視劇，提到朝鮮使者求救，不外乎就是快馬出發，緊接著畫面一轉，大明官員就義憤填膺起來，開始商議出兵事宜。翻開專門記載明代歷史的文獻如《明史紀事本末》，針對朝鮮請兵使者的描述是「求救請援的使者往來不絕，充塞於道路上」，（請援之使，絡繹於路）[4]之後即是大明朝廷如何處置。請兵使的工作被想當然爾地跳過，像是戰爭的點綴，未曾深究。

事實絕非如此，求救請兵是項高超的政治藝術。簡而言之，這需要能力強大的團隊、動人的話語、有策略的行動準則，以及充裕的物質條件。當鄭崑壽步入北京城，他必須知道該找誰做什麼事，又應該要「怎麼說」。因此，一五九二年在義州的行前討論顯得格外重要，朝鮮君臣評估大明需要派遣多少軍隊、日軍大概動員多少士兵、如何讓大明覺得問題嚴重到需要「出兵」，這一切都不簡單。

4 谷應泰，《明史紀事本末》，卷六十二，〈援朝鮮〉，頁九六二。

如何引起大明朝廷的注意？從事後的結果看來，令大明意識到「此事與我有關」是成功的心理策略。豐臣秀吉出兵伊始，在在強調目的是征服大明，征伐朝鮮是希望朝鮮充作嚮導，為王前驅。朝鮮向大明求救，這可以說是至為有用的說詞。李昖屢次指示臣子，務必將日軍「意圖攻擊遼東」的事情轉達大明朝廷。鄭崑壽抵達北京後，在呈送給大明官員的文件中，確實屢次強調此事，深化中國方面對日軍的警戒感。

其次是請兵來朝鮮，大明應該要動員多少人次，才符合朝鮮的期待。這牽涉到兩點，第一是日軍到底出動多少兵士，進而才觸及第二點：我們需要多少救兵。明軍越多自然越好，萬曆皇帝曾下敕書，聲稱發兵十萬，不過這毋寧是為了令朝鮮安心的政治宣示。李昖主張五萬人即可，不敢真奢望十萬大軍兵臨朝鮮。相較於他的臣子，李昖可是保守多了。時任承旨的吳億齡（一五五二—一六一八）認為兵員是越多越好，他建議軍隊可以駐紮遼東，倘若朝鮮戰場兵力不足，立即從遼東徵派，或是在朝鮮的軍隊若感到疲倦，需要修整，可與駐紮遼東的部隊輪休。

那麼，朝鮮願意付出甚麼？能夠負擔多少軍資、糧食？答案可能有點出乎意料，因為朝鮮並不準備承擔甚麼。李昖在與鄭崑壽等人討論時，明白地指出：

「大明必須運糧食過來，我們現在殘破不堪，沒有糧食！」（糧餉並為載來，我國殘破之餘，無糧，可慮也）[5]朝鮮當然不是全無糧食，但沒糧也是「實話」。首先應該考量到，當時朝鮮實際控制的領地已縮小很多，套用鄭崑壽的話：「朝鮮國君連往後退一步的空間都沒有」（寡君無一步可退地）。[6]當時兵荒馬亂，義州朝廷連各地義軍的動向皆無法精確掌握，點算存糧、計畫性的運輸，更是難上加難。結論是朝鮮無法負擔糧食補給，大明必須自行從遼東或山東運補糧食，他們不但必須出人，還得出糧。

接著進入更為細節的討論：這個使節團的成員是誰？他們要帶甚麼禮物去中國？正使人選由鄭崑壽擔綱演出，自無疑義，那麼同行的另一要角「翻譯官」呢？翻譯人員在當時稱作「通事」，意思是交通外國事務的人。李昖揀選最優秀的通事隨行，這些人在後來的斡旋談判扮演極為重要的角色，他們的名字都值得記下，這三位是洪純彥、洪秀彥、韓潤輔。通事的人數有限，派遣三人已是不少，畢竟還需考量到之後明軍抵達朝鮮，將另外需要通事居中溝通。通事一職在朝鮮官僚體系的地位並不高，通常由身分地位較低的「中人」擔任，往往不為高

5 鄭崑壽，《赴京日錄》，頁三五五。

6 鄭崑壽，《柏谷集》，頁一九一－一九二。

級官僚重視。然而，在此存亡之秋，正是這些人承擔最為吃重的角色，聯絡大明、朝鮮兩方的各種事務，他們也是今日被遺忘的功臣。

使節團的要員「正使、翻譯官」備齊後，鄭崑壽等人準備帶什麼出發呢？通事洪純彥認為「白銀一百兩應該就足夠了」，這些錢可以當作「人情」送禮之用，若用不完再繳還朝廷。明朝萬曆年間正是白銀大量流入中國的時代，當時歐洲人在美洲挖掘銀礦，製成銀元，以此購買中國貨品。中國的瓷器、紡織品深受西方人喜愛，因此他們以白銀交換貨物，導致中國民間流通大量的白銀，其數量之鉅，明朝官方甚至認同將白銀作為繳稅的法定貨幣。然而，朝鮮官方並不以白銀計價，而是使用實物貨幣，例如以布疋作為貨幣。洪純彥口中的一百兩白銀，同時在大明、朝鮮有著完全不同脈絡的價值：一個是法定貨幣，一個接近無用之物。無論如何，對於一個國內沒有銀礦的國家而言，在戰亂時期準備白銀百兩，仍是一件不容易的任務。李昖左思右想，這一百兩權充路費，又另備七十兩當作「人情」，分送一路的大明官員。

一五九二年在義州的行前討論之所以值得注意，因為這是朝鮮對於整個戰事認知的全部，而這也正是鄭崑壽與大明交涉的基礎。鄭崑壽的認識一如前述，不多也不少，其他就臨場表現。綜觀李昖、吳億齡關於出兵人數的「深謀遠慮」，更像是一種自我安慰的話術，畢竟出兵人數的多寡，決定權始終不在他們手上。這個坐落於義州，風雨飄渺的小朝廷，他們迫切地渴求救兵，天馬行空地討論軍隊的指揮權應屬誰，其實這說的是他們有多麼焦慮，希望在沒有辦法的情況下，尋找救國的出路。現在，就看鄭崑壽如何施展外交長才，搬來救兵。

一五九二，北京

從漢城到北京的使行路程，一般費時四十五日至六十日間，不過這通常包含許多觀光行程。鄭崑壽可是十萬火急，他們一行人日夜兼程，僅費時約二十五日，即抵達北京的處所「玉河館」。玉河館本名「會同館」，是外國使節在北京的下榻處，因為館旁有玉河橋，故俗稱玉河館。鄭崑壽安抵玉河館後，連忙打聽哪些人士與主管軍事的兵部尚書石星（？－一五九九）熟識，方便之後聯繫。

今日的我們難以想像一個人在國家危在旦夕的時刻，肩負著國家存亡的責任，那是多麼沉重。鄭崑壽如何面對明朝的官員，這時他已五十四歲，在朝鮮擔任要職，他必須不計形象，擺低姿態，周旋於大明的政要之間，為母國尋求最大的奧援。我們無法深刻地體驗這份情緒，只能藉由他事後的報告書，嘗試再現這段刻骨銘心的過程。

顯而易見的是，鄭崑壽伊始就鎖定目標，他一到北京就希望能面見石星，卻不得門路。然而，這時戰事方起，石星自然希望從朝鮮使者身上掌握情報，因此在鄭崑壽抵北京四日後，石星派遣官員與朝鮮通事聯繫，了解朝鮮方面的情況。鄭崑壽持續擺低姿態，他特別呈文管理朝鮮外交事務的禮部，懇求免去所有繁文縟節，一切禮儀從簡，不要過於張揚。同時，他又寫了一篇給兵部的呈文，希望速速發兵朝鮮。

鄭崑壽極為幸運，時勢推了他一把。當時大明朝廷本來忙著處理另一戰事「寧夏之役」，這場戰爭在鄭崑壽出使北京期間，恰好結束。一如鄭崑壽與副使施允濟所說：「寧夏的戰爭結束後，大明必定專心處理倭寇」（寧夏賊劉東陽已就擒，朝廷必專意攻倭），[7] 這對鄭崑壽一行人而言，可是天大的好消息。鄭崑壽給石星的信函中也表示「今者伏聞寧夏之賊，兵不血刃，自就滅亡，已無西顧之憂；惟此倭寇獨稽天誅，王師可以專力，以堂堂天朝十萬兵，可以朝令而夕發。」[8] 三日後，石星召見鄭崑壽、副使施允濟，以及通事，鄭崑壽等人當場痛

7 鄭崑壽，《赴京日錄》，頁三七一。
8 鄭崑壽，《柏谷集》，頁一九三。

哭，[9]懇求石星立即出兵。根據鄭崑壽的記載，石星感動不已，甚至也哭了出來，於是口頭允諾應援之事。

石星會願意發兵考慮到幾點，一是萬曆皇帝伊始就明確定調救援朝鮮，聖旨不可違背；一是綜合各種情報，日軍確實有攻略大明的意圖，此事絕非中國的「外事」。正如鄭崑壽所說：「大明發兵與否，決定朝鮮的生死，而中國邊疆的安危，也與此緊密相關。」（小邦之存亡，果決於此舉，而中國疆場〔埸〕之安危，亦在此舉）[10]李昖在義州特別指示，務必將日軍即將進攻中國的情報傳達給大明知悉，這無疑打動石星的心。

然而大明的政治事務非一人而決，既不是兵部尚書能夠決定出兵，也不是萬曆皇帝，這還需要輿論的支持。待在北京的鄭崑壽透過各種管道打聽，算是親身體驗到這樣的政治生態。反對出兵朝鮮的官員如許弘綱（一五五四－一六三八）認為「朝鮮、日本兩國開戰，我們只需要防衛邊境就好，不須出兵。」（兩夷相戰，中國但當禦之境上）[11]簡單地說，反對出兵者主張「只防中國地方，不

9 「痛哭一場，懇乞兵馬。」見鄭崑壽，《赴京日錄》，頁三七二。
10 鄭崑壽，《柏谷集》，頁一九四。
11 鄭崑壽，《柏谷集》，頁一八四。

須救朝鮮。」[12]相形之下，主戰派如石星則不這麼看待朝鮮問題，他們著眼的是阻擋日本於境外，傷害遠比在本土戰爭低得多。肩負經略朝鮮事務的宋應昌（一五三六－一六〇六）曾明確表示，朝鮮邊境是京城水路、陸路的門戶，「俱係要地」，現下日本「專圖內犯」，自然需要「救援朝鮮，彰顯中國之道。」（彰字小之仁，以存中國之體）[13]朝廷的議論就在兩邊搖擺，最終由萬曆皇帝定調，平息此風波。

值得注意的是，學界大多輕輕帶過反對出兵的議論，畢竟出兵是既定事實，許弘綱等人的言論，不如說是鋪陳出兵的一個情節設定。然而，根據鄭崑壽的見聞，當時反對派的影響力並不小，甚至石星的心情也因此不太安寧，擔心無法解決朝鮮問題。更重要的是，主戰派與非戰派的爭鋒相對，不限於一五九二年，而是貫穿整場戰事。[14]透過鄭崑壽的眼睛，我們得以重新體會一個「懸而未決」的氛圍，其中特別令人訝異的是反對派帶給主戰派的壓力，遠比想像來得大。這種不確定感，始終纏繞在鄭崑壽心上，即使石星屢屢強調必然出兵，但鄭崑壽仍舊

12 鄭崑壽，《赴京日錄》，頁三七三。
13 宋應昌，〈初奉經略請敕疏〉，轉引自李光濤，《朝鮮「壬辰倭禍」研究》，頁十九。
14 如一五九七年，柳思瑗在北京時仍聽聞這樣的論戰，見柳思瑗，《文興君控于錄》，頁三〇七。

認為石星不明確保證發兵日期，代表中國的軍隊根本沒有準備好，這一切仍是一場空。

石星的口袋中沒有明確的出兵時間，肇因他要考量的事情遠比鄭崑壽在義州的設想來得多，同時也因為軍隊在開拔之前，存在太多未知數。不過石星仍設法解決一些可以立即處理的問題，例如允許朝鮮使者購買「違禁品」，這包含武器、火藥，他更直接賜給白銀，讓朝鮮使節團可以在回程沿路採買。兵馬未動，糧草先行，石星這貼心的舉動，其實是堅定朝鮮的信心，這戰爭必將持續下去，大明支持你們。

鄭崑壽緊握著每一個機會，他得到大明應允購買違禁品的命令後，回程沿途立即四處蒐購火藥、弓箭。使節團帶回大量的軍資，畢竟力量多一分是一分，現在朝鮮義州可謂家徒四壁。行經遼東時，他特地求見總管朝鮮軍務的宋應昌。鄭崑壽一進軍營，發現這支軍隊器械精良，部隊整齊有序，稱讚有加。面見宋應昌時，他質疑軍隊居然連前鋒都尚未開拔，為何停滯於遼東，不立即前往義州？宋應昌自然不會洩漏軍機，只說大軍尚在集結，至於「軍隊的事情，我自有打算。」（進退機宜，吾自酌量）[15]既然軍機不可洩漏，鄭崑壽只能繼續趕路回義州，匆匆結束請兵陳奏的使行。

鄭崑壽獲得的成果遠比想像來得大，他出發時沿路給遼東軍官寫信，渴求立即出兵朝鮮，抵達北京後亦不斷連繫大明，卻沒有獲得任何一個正面回應。伊始石星沒有立即召見他，其焦慮可想而知。然而情況是一日比一日好，後來他爭取到面見石星的機會，得到承諾。之後與大明官員溝通時，是通事在旁擔任翻譯，有時甚至是通事直接與中國官員溝通，往往是鄭崑壽交代一個概念，再由通事臨場發揮。任何人都不願意為一個未知的事物付出太多，鄭崑壽的任務就是令大明熟悉這個未知，然後徵召有血有肉的男丁，前往未知之地。終於，他成功了。

壬辰之後，使者絡繹不絕

認真思考鄭崑壽在北京的過程，他向大明官員道盡朝鮮的情況，但他接收到的大明訊息實在少得可憐。當他踏上歸途，唯一得到的是兵部尚書允諾出兵的保

15　鄭崑壽，《赴京日錄》，頁三九〇。

證，以及購買違禁品的許可。一位登入史冊的功臣，在當時並沒有因為完成任務而志得意滿，覺得國家萬幸，即將獲救。因為他深知這一切尚在未定之天，石星真會履行諾言嗎？即使真的言必信、行必果，又來得及嗎？

戰爭不可能一帆風順，大明出兵朝鮮也無法一夕之間掃除日軍。大明、朝鮮之間需要不止一位鄭崑壽，在這場長達七年的戰爭中，無數的使者、通事前仆後繼，傳達最新軍情，直送北京。在鄭崑壽之後，大明益發了解這場戰事的樣貌，有比較清楚的認知。然，即使一開始最堅定的人，也可能搖擺；即使看似順利的結果，過程也可能坎坷。

李如松打下平壤城不久，一五九三年，李昖馬上以「謝恩」的名義，派遣一個使節團前往北京。然而朝鮮使者鄭澈（一五三六－一五九三）在北京最重要的任務不是謝恩，仍舊是提供情報。這時距鄭崑壽出訪相隔一年，這三百天的時間沒能為朝鮮帶來改變。錯誤的情報流布於北京與漢城，對大明而言，朝鮮究竟能負擔多少軍糧，提供多少軍資，日軍究竟有多少人，這才是關鍵。相形之下，朝鮮需要的就是救兵，為了這個，他們可以將困難修飾得平順，即使沒有糧食，也能憑空變出。

一五九三年，鄭崑壽曾寫信給李如松，信中承認朝鮮方面「運送糧食的成效不好，導致大軍缺乏軍用品、糧食。」（移粟無力，仍致大軍資糧缺乏）[16] 直言這是「小邦之罪」。因此，鄭澈與兵部官員的談話，始終圍繞著糧食、軍資打轉。大明官員提及，一年過去了，今年的田產如何，意即希望朝鮮運補更多糧食。面對這個問題，鄭澈只能擺低姿態，繼續喊窮，他表示因為戰亂，百姓大多離開家鄉，難以農作，簡單說就是「沒人種田」（具盡抛荒）[17]，這實在是朝鮮使者自鄭崑壽以降的一貫說詞。戰爭後期的一五九七年，朝鮮使者柳思瑗（一五四一－一六〇八）近乎哭訴地向禮部官員說：「我們兵、糧都不多，根本沒有其他辦法，只能倚靠父母之邦。」（小邦兵少糧乏，計無奈何，只仰天朝如父母矣）[18]

不論是戰爭初期的一五九二年，或是壬辰倭亂結束的一五九八年，朝鮮使者像是複製鄭崑壽的成功經驗，相同的戲碼再三上演。根據一五九七年權挾（一五四二－一六一八）的記載，他在北京向兵部請兵的說詞一如鄭崑壽，不外乎是

16　鄭崑壽，《柏谷集》，頁一九五。
17　鄭澈，《鄭松江燕行日記》，頁一七七。
18　柳思瑗，《文興君控于錄》，頁二八八。

「軍兵十分單弱，兵倉十分匱乏」，如果大明再不派遣更多軍隊來朝鮮，則「人心更無所恃，醜賊益肆鴟突，小邦滅亡之禍立至矣。」[19]一談到糧食，同樣是粒米皆無。

朝鮮使者單方面的渴求救兵，不論是不願意，或是沒有能力承擔更多的責任，這樣的態勢令大明官員深感不悅。畢竟哪有人傾全力幫忙，每次一問你能不能做些什麼，卻一無所獲。兵部就曾發文柳思瑗，直言：「中國從來沒有自己花錢出力，還替外國處理軍務的。」（從前未有自費兵餉而代外戍者）[20]更大力責罵朝鮮君臣，表示朝鮮上下「自戰爭以來，就沒聽過君臣好好反省，積蓄糧食，訓練軍隊。每次一聽到日軍打過來，就馬上派使者過來求兵，絡繹不絕。」（曾不聞該國君臣痛加振勵，積餉練兵，以為預備之計。乃一經喝，便自張皇馳報乞哀，趾錯於道）[21]在兵部官員眼中，朝鮮方面「不知道練兵，只知道靠中國的軍隊；不知道積蓄糧食，只知道將中國的糧食當作自己的，真是只會享受他人的勞動成果。」（不知練兵，長以中國之兵為兵；不知積餉，長以中國之餉為餉。已

19 權挾，《石塘公燕行錄》，頁二一十八。
20 柳思瑗，《文興君控于錄》，頁二九八。
21 柳思瑗，《文興君控于錄》，頁二九八。

享其逸，而令人居其勞；己享其安，而令人蹈其危。）[22]

兵部的憤怒其來有自，戰爭初期朝鮮為了搬來救兵，自然需要適度地「低報」日軍的實力，「修飾」朝鮮軍隊的戰果，令大明覺得援救朝鮮的成本並不高。事實自然不是如此，石星就曾質問鄭澈：「之前說你們在各地斬殺日軍，數量不少，怎麼一到求救的時候，就說軍隊數量不足。」（數稱你國軍兵在於各處斬賊甚眾，到今卻說軍兵之少者）[23]顯見朝鮮虛報不少戰功。朝鮮使者為了提高請兵的成功率，低報日軍的人數，例如鄭崑壽離開北京之後，宋應昌與石星通信時提及「朝鮮急著我們派兵過去，他們擔心我們不願意，進而影響到出兵的事宜，所以把敵軍很多說成很少，宣稱敵軍很弱，但其實很強，考量到人情，這種處理方式是難以避免的。」（夫朝鮮求援甚急，方慮恐喝中國，阻饒我師，以眾作寡，以弱掩強，人情大抵然也。）[24]

---

22 柳思瑗，《文興君控于錄》，頁二九八。
23 鄭澈，《鄭松江燕行日記》，頁一九四。
24 宋應昌，〈十二月初三日報石司馬書〉，轉引自李光濤，《朝鮮「壬辰倭禍」研究》，頁四十五－四十六。

站在請兵陳奏使的背後

就是在這樣吵吵鬧鬧的局面下，大明與朝鮮學習合作，互相幫助，完成這場戰爭。無論檯面下的討價還價如何激烈，大明支持朝鮮國，全力驅退日軍，乃始終未變的目標。我們可以從國際政治的角度出發，列舉數條救援朝鮮的必要因素，但我們沒有辦法體會數萬個家庭的生離死別，以及國破家亡的痛苦。聚焦於鄭崑壽、鄭澈等使節，以及洪純彥等通事身上，他們在北京圖繪朝鮮各要塞的地圖，指明各地駐軍的數量，以及山川險要之所在，功勞可謂不小。儘管為了完成請兵的任務，間或有所隱瞞，但這絕對是出於愛國的熱情，從今人的角度看來，能夠諒解。

大明、朝鮮在這個磨擦與磨合的過程中互相認識，藉由前述的故事，我們應該注意到這些過去「一帆風順」、「中韓友好」論述下的齟齬，種種的「不合」提醒我們在大船駛近港灣前，波折不會結束。然而，僅憑一張負面或正面的標籤，無法概括壬辰戰爭的全部。實情是在這七年間，大明與朝鮮的外交人員認真地比對情資，他們嚴肅地規劃行軍動線，大明官員在少數情緒高漲的憤怒時刻之外，其實也盡量照顧朝鮮使者的心情，務求他們安心，堅定其信心。有憤怒與不諒解，夾雜著同情與堅持，這更逼近事實。

權挾與兵部侍郎李禎會面時，李禎詢問日軍的情況，權挾說到一半，突然百感交集，情緒湧上心頭，就這麼哭了起來。李禎連忙搖手說「不要哭，不要哭」，安慰道近日的軍情報告都很穩定，你們可以安心。當權挾一邊哭一邊請求更多軍隊時，李禎大聲地說「我們是一家人，我們是一家人」，立即答應權挾的所有請求，並以右手作拳，擊左手掌，連稱「日軍實在太可惡了！」[25]

李禎在中國是一位名不見經傳的官員，卻是權挾得以接觸到的「高官」，也是其來往至為密切的大明官員。李禎一如鄭崑壽、鄭澈、柳思瑗與權挾，他們都是消失在戰場上的「戰爭英雄」，一群「被遺忘的功臣」。倘若在中國史料中尋覓李禎或這些朝鮮使者的身影，結果想必大失所望。明代官方最重要的史料《明實錄》針對鄭崑壽此次使行的記載只有「朝鮮陪臣鄭崑壽以國王越在草莽，實主辱臣死之秋，乞免賜宴。」[26]如此一句而已，這是多麼地簡略。

25 權挾，《石塘公燕行錄》，頁二十八－二十九。
26 《明神宗實錄》，卷二五三，萬曆二十年十月六日，壬辰條。

銓屬言訪冊非定自令甲不過密行咨訪于吏科河南道二臣
以報堂官故不自列其名非昔年列而後不列也況考察以各
堂官考語為據又不盡憑訪冊乎今請京察年分訪單送科者
不列科臣名送道者不列道臣名不必刊刻訪冊報可〇調山
東海防僉事楊鎬管永平兵備選練主兵兼理屯田馬政〇朝
鮮陪臣鄭崑壽等以國王越在草莽實主辱臣死之秋乞免賜
宴禮部請照例折給俾得遄歸從之〇兵部言近報倭賊欲犯
義州拒敵勢不容緩宜行經畧及督撫責令吳惟忠統領南兵
火器手各三千限五日內往遼併發到兵馬及本鎮兵丁一萬
尅日赴義州同朝鮮兵將協力堵勦薊保兩鎮各選精兵五千
宣大各選精兵八千馬步相半擇將統領文到五日即往遼東
聽經畧調遣戶部速辦糧料併秋文四川巡撫速催劉綎兵馬

關於鄭崑壽出使明朝的記載，僅見《明神宗實錄》寥寥數語。

朝鮮使臣耗費心力撰寫日記、報告書，目的固然必須考量到實務需要，李昖與主導戰爭的朝鮮官僚，倚靠這些文獻掌握大明的國情。然而，朝鮮使臣在北京的紀錄如此詳實，相較於中國文獻的缺漏，兩國對壬辰倭亂的關心程度，實是天差地別。畢竟對朝鮮是滅國之禍，在明代卻只是萬曆三大征之一。透過使者的眼睛，我們才能夠擺脫大敘事的勢力範圍，還原使者身歷其境的感受，認識兩國官員周旋談判的技巧與歷程。

最後，當我們站在請兵使的面前，聆聽他們的各種說詞，例如「我來到這裡所做的一切，決定我們是否會亡國，」（陪臣來此，乃小邦存亡之所決）[27]或是「倘若朝鮮滅亡，遼東就危險了」（朝鮮亡則遼左岌岌矣）[28]。我們不僅必須站在他們身後，考量其立場與心態，更需同理地衡量大明官員的想法。大明朝廷有出兵的決心，然而發兵看似簡單，若沒有充分的準備，一切都是空中樓閣；兵部官員直言「**發兵非難，運糧甚難**」[29]，朝鮮境內缺乏糧草，是明軍始終難以擺脫的惡夢。

27 柳思瑗，《文興君控于錄》，頁三一一。
28 柳思瑗，《文興君控于錄》，頁三四〇。
29 權挾，《石塘公燕行錄》，頁三十一。

大明高層如宋應昌、石星的官員並非束手無策，他們曾試圖就近從山海關、遼東購買糧草，從便發送朝鮮。戰爭伊始發兵十萬，殆非虛言，問題是出動為數如此多的軍隊，後勤系統能否接濟上，沒人敢拍胸掛保證。認真審視朝鮮使者的說詞，以及宋應昌與石星的信件，他們從未擔心大軍人數不夠，問題始終掛在糧食一事，宋應昌向石星說：「你擔心軍隊集結完畢後，糧草不夠，這也是我擔心的事情。」（臺下慮兵集而餉難繼，此正不佞前揭陳其艱難之狀者）[30]宋應昌發給朝鮮的公文特別交代：「將義州、平壤沿途確實存有的糧米數量，以及可以支應多久的數字報上來。」（開報義州、平壤沿途實在糧米、草料各若干，實足幾月之用）[31]

當談到日軍之強弱，宋應昌深知朝鮮將日軍「以眾作寡，以弱掩強」，低估其實力。宋應昌對日軍自有定見，根本不信朝鮮使臣的說法，諸如朝鮮所稱「倭在平壤者萬餘，在王京者二萬餘，散處者七八千。」[32]相較於實情十六萬之眾，相

30 宋應昌，〈十一月初四日報石司馬書〉，轉引自李光濤，《朝鮮「壬辰倭禍」研究》，頁三十。

31 宋應昌，〈十一月十七日檄朝鮮國差衛獻納、金庭睦〉，轉引自李光濤，《朝鮮「壬辰倭禍」研究》，頁四十。

32 宋應昌，〈十二月初三日報石司馬書〉，轉引自李光濤，《朝鮮「壬辰倭禍」研究》，頁四十五。

差甚多。宋應昌眼中的日軍是值得尊敬的敵人，不僅「懂得軍事上故意示弱、示強的技巧，而且善使謀略，絕非尋常的敵人。」（倭奴輩不但得兵家示弱、示強之術，且有縱橫詭譎之詐，大非尋常比，奈何漫然易視之也）[33]戰爭初期因為有他充分的準備，李如松才能在戰場上指揮若定。

大明深知朝鮮使者的心理，同時了解日本軍隊的實力，他們不是如影視作品中，憑著一股「天朝上國」的氣焰就出兵朝鮮，而是冷靜地觀察與分析；大明君臣不是胸有成竹，得知必勝地奮勇向前，過程間有掙扎與猶豫。歷史不是理所當然，不論是鄭崑壽在北京的辛苦周旋，或是李如松肅立平壤城下的氣勢昂然，他們都推動了歷史的齒輪，一小步一小步的向前。朝鮮使者是壬辰倭亂的細節，一封封遞交大明官員的書信，今日看來可能細瑣微小，卻承載著不可輕視之重。

33 宋應昌，〈十二月初三日報石司馬書〉，轉引自李光濤，《朝鮮「壬辰倭禍」研究》，頁四十六。

第二章　在戰爭結束後開始：魯認與姜沆的故事

一五九七，歲在丁酉。
戰爭，已持續了六年。沒有人知道什麼時候會結束。

他被俘至敵國日本，憑著漢學造詣，
替人題字、作詩謀生；
終於等到那一夜，可望偷偷登上大明的大船，
求得回鄉的一線希望……

壬辰倭亂結束之後，留下了甚麼？

答案遠比想像中難尋，首先這牽涉到不同地域的人群，我們只要稍稍偏移立場，即可能推導出一個意想不到的結果。其次，這份戰爭的遺產，在歷經不同世代的繼承與詮釋後，看似離今人越來越遠，卻又像不曾逝去的存在，不離左右。壬辰倭亂時而被提起，警醒著中國、韓國、日本對國際政治的信心；時而在政治話語沉寂之際，悄悄地沉默不語，彷彿消失一般。

認識戰爭遺產的最佳方式，莫過於走進戰場，聆聽每一位參與者的心聲。因此，利用哪些人事物串連起整個故事，決定了我們眼中的世界。大明的皇帝、朝鮮的水師將軍、發生於平壤與鳴梁的戰役，背後隱藏著一套完整的敘事，從一個符合「當代期盼」的角度詮釋這段歷史。

為了走出戰爭迷霧，本書特別著眼於那些非典型的戰爭人物，第一章以來往於大明、朝鮮的使者為主角，即是希望與那些得以堪稱典範的人物「拉開距離」，創造一些空間，重新發現戰爭大敘事下的小細節。現在，本章將繼續透過兩位非典型戰爭人物的眼睛，重歷戰爭。值得注意的是，相較於第一章那些奔走於中朝兩邊的使者，強調的是「目擊」的當下；至於本章，更聚焦於戰爭之後。故事中的兩位主角歷劫歸鄉後，當他們回憶起從壬辰年開始的戰爭，在他們腦海中究竟留下甚麼？最後，藉由第一章與本章的故事，希望能進一步討論壬辰倭亂的歷史意義。

那麼，容我介紹第一位主角，他的名字是魯認（一五六六－一六二二）。

丁酉再亂

魯認氣宇倜儻，氣質非凡，作風灑脫，可以說是一位無拘無束，頗有個性的讀書人。然而，他侍奉父母至謹，是出名的孝子，兩種形象集於一身。一五九二年，戰火蜂起，魯認一家與朝鮮名將權慄（一五三七－一五九九）有舊，權慄寫信敦請魯認參軍，他二話不說，立即拜別年逾七十的老父，踏上征途。魯認一路上出謀劃策，頗有成績，也曾親自上陣，鎮守城寨，堪稱允文允武。

一五九七年九月，歲在丁酉，那年魯認三十一歲，這是他投入戰爭的第六年。戰爭雖已開打六年，戰況始終沒有穩定下來，這一年豐臣秀吉（一五三七－一五九八）又派遣大量增援部隊從釜山上岸，當時無人知曉這一切何時將結束。

戰場本來僵持的局面，在日軍增援、朝鮮守軍防禦失策的情況下，突然成為日軍一面倒的優勢。日軍先是在閑山島擊潰朝鮮海軍，接著由南向北，掃蕩今日慶尚南道、全羅南道地區。魯認在得知消息後，隻身脫離軍隊，著急地趕回老家，探望父母。行軍半途就獨自離營，只能說後人形容他氣宇倜儻，算是符合實情。不過魯認為了父母，倒也能屈能伸，在他護送雙親前往宜寧（今慶尚南道宜寧郡）途中，意外遭遇一群日軍。雙拳難抵四掌，魯認用身體護著父母，乞求至少放過兩位老人家。出人意料的是，日軍或許為他的孝順感動，就這麼放其通行。

安頓雙親於宜寧之後，魯認聽聞大明副總兵楊元（？－一五九八）鎮守的南原城（今全羅北道南原市）被日軍圍攻，於是隻身一人騎著馬過去偵探敵情。從事後的資料來判斷，這是極為愚蠢的行為，因為包圍的日軍有六萬之眾，但城內的大明、朝鮮聯軍卻不足五千人，而且當他出發的時候，戰爭已經結束了。然而，又有誰能知道，前面有甚麼等著我們。

果不其然，魯認一靠近南原城不久，遭遇剛得勝的日軍。雙方一遇，緊接著是一陣纏鬥。魯認很是勇猛，孤身一人邊打邊跑。堅持十餘里左右，暫時擺脫敵人，遁入一片濃霧中。他策馬狂奔，試圖擺脫敵人，不料霧中射出一支箭矢，正中背部，眼前一黑，接著是不省人事的昏迷。當他睜開眼時，隱約記得自己被帶上船，後來被安置在一個房間。就這樣，他成為日軍的俘虜，離開了朝鮮戰場，現在的他已至「薩摩」（現九州）。

一位從戰爭初期即投身軍旅的朝鮮人，被敵軍俘虜真是奇恥大辱，立即自盡是極為常見的選擇。魯認自然也不例外，在前往日本的船上，他曾計畫自絕，卻因為手腳被日軍綑綁，導致無法行動。退而求其次，他開始絕食，每有日本人靠近，迎來的便是魯認的叫罵聲。這些反應都呈現魯認硬直灑脫的一面，輕性命、重名節。

儘管魯認一路反抗到底，採取不合作運動，仍無法改變既成事實，他已經抵達日本。沿路的景象深深地烙印在他腦海中，稱為人間煉獄，當不為過。他回憶自己一路所見：「屍橫遍野，血流成河，悲慘至不忍直視。被俘虜的年輕男女，都是出身於好家族的人，這樣的人不知有幾千幾萬人之多。」（積屍如山，流血成川，慘慘焉不忍見。至則我國年少男女被俘者，皆良家士族，而不知幾千萬計。）[1]

戰爭已持續六年之久，在魯認之前，早有無數朝鮮人被擄至日本。魯認發現不少在九州的朝鮮人，衣著早已改為日本樣式，當他們看到魯認穿著朝鮮服飾時，悲從中來，在路旁嚎泣起來。真是耳不忍聞，目不忍見的慘狀。

難道也要像他們一樣，只能以「倭形」生活嗎？對魯認而言，這真是生不如

1　魯認，《錦溪集》，卷三，〈丁酉被俘〉，頁一九六。

死啊！畢竟衣冠代表著文化，朝鮮人一直自豪他們的穿戴方式最像中華，至於日本人則像是野蠻人一般，與中華風俗不同。

那麼，魯認就只有尋死一途嗎？在他眼中，日本人是醜惡的敵人，是家國大賊，既然第一時間沒能自我了斷，現已踏上日本國土，唯一所求就是生還朝鮮。幸運的是，魯認恰好重逢務安（今全羅南道務安郡）人徐景春，兩人在國內就是好友。魯認與徐景春兩人聚首，話題無不繞著「回家」打轉，他們都朝思暮想著回朝鮮，於是一起籌謀如何逃離日本。

忍耐與等待

美夢成真，欠缺的是忍耐與等待；當然，運氣也是不可少的催化劑。沒有親朋故舊，沒有大筆資金，魯認要如何返回朝鮮呢？

首先，他運用自身的才華累積財富。當時日本是一個以武士為核心，發展出一套身分階級制度的社會，舞文弄墨的讀書人「儒者」在政治場域中少有機會扮演重要角色。更重要的是，日本與中國、朝鮮不同，沒有以「文」為主體的科舉制度，選拔文學人才進入政府體制。因此，儒學事業由當時感興趣的人承擔，這些人大多是儒生，以及僧人。對於這些人而言，魯認是一個「漢文化」、「中華學問」的寶藏，不論是漢詩、書法，或是關於中國的知識，都能透過魯認轉介。

魯認的書法並不出眾，至少不是人們評價他的亮點。然而，他自小準備科舉，讀書練字可說是再平凡不過的日常功課。相較於漢學人口貧乏的日本，一般朝鮮讀書人的程度，就足以讓他們眼睛為之一亮。一位日本僧人曾向魯認索取漢詩，魯認手筆一出，立即獲得賞識。自此以後，日本年輕人常常拿著扇子來訪，乞求詩作，只待魯認把詩寫完，一手交詩，一手取款。（自是倭官年少輩往往抱扇乞詩，詩成書罷，銀子輒至。）[2]透過這種方式，魯認累積一筆財富，有了行動的本錢。

其次，他利用這些資金招攬幾位懂得韓文的日本人，向他們打聽情資，主要是關於日本國內的政治消息。魯認甚至以其所見所聞，畫出一張地圖，以備將來使用。他積極地認識日本，為的是逃脫後，能夠將這些情資傳達朝鮮官方，即使沒有用自我了斷的方式盡忠，也日日夜夜期盼著復仇雪恥。

第一次機會來了，魯認來到日本已十五個月，他始終沒有放棄，等待機會，現在就是驗證運氣的時候。一五九九年正月，魯認聯繫徐景春，以及同樣被擄的

2 魯認，《錦溪集》，卷三，〈倭窟探情〉，頁一九七。

朝鮮人共數十位，趁著夜半時分，乘著小船，偷偷出了江口。可惜早就為人所知，被把守江口的日軍逮個正著，行動宣告失敗。不知道是出於甚麼原因，這數十朝鮮人並沒有遭到處決，只是抓回本島而已。唯一令人遺憾的是，日方或許是為了防範朝鮮俘虜再次行動，將這夥人拆散各地，魯認的好友徐景春就被移送到大津城（今滋賀縣大津市）。這次失敗沒有削減魯認返國的決心，即使是孤身一人，仍舊要繼續嘗試下去。

天借順風，便到中華

魯認沒有放棄，他始終無法接受永遠地待在日本，因此即使面對種種艱難，仍盡其所能積蓄能量，日日夜夜期盼回返故國。魯認是幸運的，也可說機會總是留給有準備的人，他很快遇到第二次機會，相信這次會緊緊掌握。

一個月後，魯認打聽到一條重要情報，大明官方派遣了一個使節團來到日本，成員主要是福建官員。大明一直以來是朝鮮最重要的戰略夥伴，雙方在朝鮮戰場上合作抗日，更別說魯認能流利書寫漢字，以及吟詩作對的功夫，都可追溯自中華文化。大明官員的到訪，真是一個天大的機會，透過這些人，說不定就能趁隙偷渡回家。

一確認大明官員的住所，魯認當即登門拜訪。叩叩叩，開門的是兩位福建官員，名叫陳屏山、李源登。魯認一見到身著大明衣冠的人，彷彿見到朝鮮親人一般，畢竟兩國的服飾並沒有太多的差異，在日本國土見到相同打扮的人，真與親人無異。在幾句問候之下，魯認表明身分，卻沒說出梗在喉頭的心底話：帶我走。原因極為簡單，有鑑於魯認曾經嘗試逃跑，日方不僅分隔這群被擄朝鮮人的居所，同時派人就近監視。魯認拜會大明官員時，身邊就緊隨一位名叫四郎的日本人；既然如此，自然不好當面表白，否則無異於再次自投羅網。[3]

魯認似乎沒有好好利用這次機會，尤其是向大明官員求救，當他被送出門外時，不知心中有何感想。他感到失敗嗎？白白浪費一次機會？根據僅有的線索，這些都無從得知，但可以肯定的是，即使日方派人監視，魯認與大明官員之間仍舊有所「交流」，那些沒能明言的話，雙方都聽到了。因為在拜會的隔天，陳屏山、李源登親自去魯認家。

陳、李二人的來訪，是魯認的最佳機會，他立刻表明：「我願意與你們同船起行，前往中華、我的父母之國，以便為我國報仇雪恥。」（願與同舟，而得到

3 必須指出這段對話，魯認與陳屏山、李源登的溝通方式係筆談，並非真的開口說話。

中華父母之國，以圖弊〔敝〕邦雪復之便。）[4]兩位大明官員敬佩魯認的為人，即使身處異域，仍舊堅持己志，於是答應魯認的請求，允諾等歸期一至，便一同返回中國。

魯認、陳屏山、李源登的計畫很簡單，待確定歸程，讓魯認先上船，然後一起回福建。然而，這個方案完全忽略日方可能的作為，事實上薩摩藩管理船隻往來非常謹慎，為防有人趁機逃離，來日人員一律「團進團出」。同時在港口安排數百人拿著鳥銃、武士刀巡邏，每艘船都會「驗明正身」才能離開。面對這樣的考驗，原先答應協助偷渡的陳屏山率先放棄，他向魯認說：「日本人必定會檢查船隻，看這情勢難以一起搭船了。」（倭必搜船，勢難同渡）[5]原本近在咫尺的成功就這麼溜走，魯認只能待在家，體會那名為失敗的難受情緒。

奇策

方法是人想的，再大的困境，都有解決辦法。

4 魯認，《錦溪集》，卷三，〈和館結約〉，頁一九八。
5 魯認，《錦溪集》，卷三，〈和館結約〉，頁一九九。

始終沒有放棄的人是魯認，他找了三位住在附近的被擄朝鮮人，此三人名叫奇孝淳、鄭東之、風石伊。魯認很快取得他們的信任，首先他是一位朝鮮命官，其次他累積不少錢財，以此備妥酒菜，讓他們能夠飽餐一頓。接著他道出全盤的謀略，這是最後一搏。魯認希望三人合作，在大明官員的坐船離港之日，能夠事先划著小船出海，然後在海上相會。如此一來，便能擺脫日方搜船，又能登上大明的大船去福建。奇孝淳等三人當即應允，一想到能夠因此返回朝鮮老家，感激得下跪叩頭。

魯認一方面拿出積蓄，請奇孝淳等人購置糧食、飲用水、煮飯用的器具，以及小船一艘。另一方面向陳、李二人報告新的逃脫辦法，盼望雙方能夠合作。魯認向二人說道：「我偷偷搭小船，先到十里外的小島，等日本人搜船結束，你們張帆出海，我再趁機出去，追上你們的船，這難道不是奇策嗎！」（我潛乘小艇，先出十里許小島，以待倭奴搜船後，公等掛帆時，迎出中流，追乘貴船，此非奇策乎！）[6]兩人認同這個辦法，決定向同行的主官福建軍門林震虢報告，且得到許可。

6 魯認，《錦溪集》，卷三，〈和館結約〉，頁一九九。

就在約定的那一天，魯認、奇孝淳等四名朝鮮人，準備糧食一百斗，一座炊鼎，三個水桶，划著小船偷偷出海。他們是在陳、李出海的前一天出發的，出航時是黃昏，抵達小島後是漫長的等待，得一直到隔天早上，預計大船才會出來。這一夜四人在船上煮飯過夜，擔心被日方發現，憂慮一發現他們不見，暫緩大明官員返航的時間，他們是這樣度過那個夜晚的。

隔日早上，他們等到了那艘大船，二話不說全力划船追上（促櫓如飛）。大明的大船知道魯認就在附近，他們僅將船帆張開一半，好放緩速度，等待朝鮮義士前來。魯認等人很快地追上大船，並藉由船上放下的大繩索，一蹬一蹬地爬上，這是離開的日本的最後一段距離。

魯認爬上船後，陳、李爭相握手，李邊握手邊說：「你真是命大啊！」並遞上一碗白酒，當作是慶祝他逃出生天。魯認當下肯定是開心、興奮，不知該怎麼說出心裡頭的感受吧！（陳、李爭執公手曰：子命貴矣。即饋白酒，喜氣填胸，不食如飽。）[7]幾經波折，從未放棄的魯認成功了！

魯認安然抵達福建後，在當地引起不小的騷動。對於大明官方來說，他們看

7 魯認，《錦溪集》，卷三，〈華舟同濟〉，頁二〇〇。

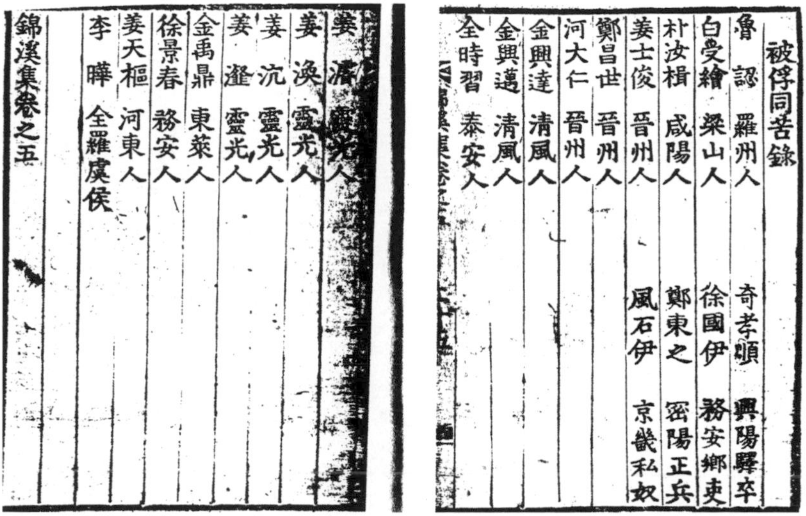

被俘同苦錄

魯認　羅州人　奇孝頎　興陽驛卒
白受繪　梁山人　徐國伊　務安鄉吏
朴汝楫　咸陽人　鄭東之　密陽正兵
姜士俊　晉州人　風石伊　京畿私奴
鄭昌世　晉州人
河大仁　晉州人
金興達　清風人
金興邁　清風人
全時習　泰安人

姜濬　靈光人
姜渙　靈光人
姜沆　靈光人
姜澄　靈光人
金禹鼎　東萊人
徐景春　務安人
姜天樞　河東人
李曄　全羅虞候
錦溪集卷之五

魯認《錦溪集》中的〈被俘同苦錄〉。
這些名字提醒我們，活生生的人捲入無情的戰爭中。

重的是來自日本的第一手情報；對大明的讀書人而言，這不只是一個外國人，而且是曾經親歷戰場的勇士，魯認象徵著大明援助朝鮮的功績。每天都有很多大明士人登門拜訪，請求他賦詩和韻，大明官員甚至餽贈白銀給他，表達敬意。

在福建武夷書院短暫停留後，魯認一路北上，進京面聖。魯認在北京光榮地接受萬曆皇帝的詔書，表彰他傑出的事蹟。萬曆皇帝甚至賞賜了他一匹馬，令他速速回家。他騎著馬回家的心情想必又緊張又快樂，畢竟他奉大明皇帝諭令返家，備極光榮。

但是，當他走到家門時，才發現雙親已逝，沒有甚麼比這個更令人哀痛。英雄返鄉，如果沒有人分享榮耀，終究是時代的悲劇。

在南原的另一個人：姜沆

魯認聽聞明將楊元被圍於南原城，於是奮不顧身前去助陣，因此才有了前述的故事。一五九七年，日軍突如其來的增援，先是在閒山島大敗朝鮮海軍，進而劍指南原。魯認不是唯一接到消息的人，當時一位負責運補糧食、物資的朝鮮官員姜沆（一五六七－一六一八）正在前往南原的路上，而他也將踏上一段驚險至極的旅程。

姜沆與魯認年紀相仿，只小魯認一歲；不同的是，姜家是地方大族，自高麗時期（九一八－一三九二）起，族人歷任政府要職。更令人稱道的是，姜家盛產讀書人，且都是享譽文壇的重要人物，如姜希孟、姜希伯、姜碩德，在當時都是著名的儒者。如果說魯認武功出色，那姜沆則是具備文才該有的一切特質。除了良好的家庭環境，他天資聰穎，記性超絕，從小就愛讀書，五歲時已能寫文章，九歲時一夜就通讀《孟子》，堪稱神童。倘若沒有丁酉年的戰亂，姜沆想必能夠一路在朝鮮朝廷工作，晚年以名儒之譽告老還鄉。可惜的是，捲入一五九七年南原城的，又何止姜沆一人。

一五九七年，姜沆跟隨分戶曹參判李光庭（一五五二－一六二七）工作，責任是後勤補給。南原城破後，兵荒馬亂，他擔心長官的下落，四處探聽關於李光庭的消息。沒想到李光庭早已北上，逃離慌亂的南方。既然主官已經離開，姜沆開始為自己打算，他回到老家靈光（今全羅南道靈光郡），與朝鮮官員金尚憲（一五七〇－一六五二）集結民眾，組成義軍，藉此抵抗日軍侵略，響應者達到數百人。姜沆本來的規劃，應是利用這數百人的義兵保衛家園，可惜眾人一聽到日軍逼近，烏合之眾，一時星散。[8] 金尚憲一看苗頭不對，也跟隨李光庭的步伐，延長戰線，出城北上而去。金尚憲不是靈光人，而是安東人（今慶尚北道安東市），他能夠說走就走，姜沆這個靈光本地人不禁苦惱起來。

既然組織義兵無望，姜沆一族只得離開家園。伊始本想走陸路，不料舉家逃難者眾，道路堵塞，於是找了兩艘船，改行水路。這一路上並不簡單，先不說為了逃避日軍，拋棄家當的慌亂情緒，姜沆一族人數甚夥，總計四十幾人，擠在兩艘船上，很是狼狽窘迫。不過值此非常時刻，實無太多選擇，即使姜沆的父親容

8 姜沆，《看羊錄》，頁二十一。

易暈船，或是船小人夥，舟行甚遲，[9]一家人得以安然相聚，已是最大的幸福。

意外仍舊發生了。當時情況不明，對於未來的出處有幾個選項：一是捨棄小船，上陸往北；一是開進附近的黑山島，等戰事告一段落；一是投奔李舜臣，一族四十人為其效力，即使一死，也可以瞑目。姜沆與父兄商量後，決定選擇第三方案，前往李舜臣軍中。這項決定為一名掌篙的船工得知，這位篙工有四名子女在黑山島，私心想載他們一起前去李舜臣軍中，於是夜半時分，擅自將船開往黑山島。當姜沆發現時，父親搭乘的另一艘小船已然消失，兩船就此分離。姜沆急著找父親，無奈風向不順，又不知其確切的去向，無頭蒼蠅一般，了無頭緒。他就在沿海尋覓父親的下落，一日海霧瀰漫，突然一艘船從霧中竄出，居然是日本海軍。姜沆一船人見到日軍，立即跳入水中，希望自盡，不要被俘虜，保全名節。

姜家人跳海的勇氣固然令人動容，但有時自盡也需要運氣。因為他們都在沿海活動，水深不足，致死的機率並不高，加上日軍很快地將他們拖上船，人人緊縛，集體自盡的義舉最終以被俘收場。更令人心痛的是，姜沆雖然安然無事，但

9 姜沆，《看羊錄》，頁二十一。

從家中特地帶出的亡母牌位，卻在跳海之後遺失，遍尋不得；而小兒子姜龍、女兒姜愛生則是不幸喪生。戰爭的悲劇莫過於此，人沒有太多可以選擇，即使是選擇失去甚麼。

姜沆就這麼被俘虜，他們的坐船被日軍拖曳著，前往務安縣。一如魯認，沿路的景象是他畢生僅見的慘劇，日軍將俘虜集中於此，「船隻數千艘，充滿海港，白底紅圈的旗幟飄揚著。我國男女一起被囚禁著，路旁的死屍堆積如山，四處嚎啕哭聲，響徹天際。」（賊船數千艘，充滿海港，紅白旗照耀天日。我國男女太半相雜，兩邊積尸狼藉如山，哭聲徹天。）[10] 姜沆接著絕食，結果與魯認相同，沒有成功。踏上對馬島後，他首先注意到的也是日本服飾，發現「衣裝服飾都與我國不同，才知道到了另一個世界。」（衣巾皆詭製，始知為他世界也。）[11] 姜沆一行人不只是離開靈光老家，而是遠離母國，抵達日本。

好事空憑千里夢

姜沆落腳之處相當於今日的愛媛縣，他到日本後，即使壬辰倭亂已結束，仍

10 姜沆，《看羊錄》，頁二十一。
11 姜沆，《看羊錄》，頁二十一。

想方設法返回朝鮮。他曾經與一位被擄朝鮮人合作，趁著夜色時分出逃，一路向西，希望能在岸邊尋船離境。兩名朝鮮人身處異域，僅憑雙腳移動，又無人協助，不免過於天真。兩人很快遇到日本軍人，沒有甚麼抵抗，即被制伏。

先前提過魯認也曾幾次嘗試逃離日本，初次被逮捕後，日方擔心這些被擄朝鮮人串聯，儘量隔離監視。姜沆亦不例外，他的居所從豫州移往伏見（今京都府），離靈光越來越遠。好消息是京都伏見有不少朝鮮讀書人，如金禹鼎、姜士俊、姜天樞、鄭昌世，以及魯認的好友徐景春。這些朝鮮士人部分在國內已熟識，透過詩文唱和，集結成一個交流圈。對於這群人而言，作詩寫字是從小就勉力練習的技藝，不乏日本官人或僧侶向他們討教。姜沆被視為奇才，程度超邁眾人之上，提著扇子來求詩的人，絡繹不絕。

日本儒者藤原惺窩（一五六一－一六一九）就是乘著這個特別的因緣，結識姜沆。藤原惺窩極為仰慕姜沆，向他學習朱子學，這在朝鮮是所有讀書人自小鑽研的學問。一位朝鮮讀書人在日本傳播儒學，這毋寧是對戰爭最大的諷刺。

與日本人討論儒學，固然是件樂事，然而返鄉才是姜沆的心願，對他而言，回家像是僅存夢中的美事，每天只能憑藉著橫亙千里的夢境，一遂所願。於是，當大明官員茅國科、王建功來到日本，姜沆彷彿在急浪中抓住稻草，試圖拚死一搏。

巾車返鄉

姜沆聽聞大明派人來日，與友人申繼李前去拜訪。他們利用為日本人寫書、抄書累積的財富，賄賂守門人，偷偷進入大明使節的居所。姜沆打的主意跟魯認一樣，想請茅、王二人帶他上路。大明官員同情姜沆的遭遇，詢問姜沆目前受哪位日本大名管轄，表示願意與德川家康（一五四三－一六一六）協商，安排姜沆返回朝鮮。

茅國科、王建功沒能安定姜沆那顆慌亂的心，姜沆轉而另謀他路。他與哥哥、申繼李、林大興等人，合資銀錢八十文，訂購一艘船，預計藉此返鄉。誰知當工程幾近完成，因為申繼李漏了口風，為日人所知，眾人又遭囚禁。日人認為姜家兄弟不通日文，必定是申繼李主謀，於是放走姜沆兩人。真是福大命大，姜沆又逃過一劫。

一六〇〇年二月，日方釋放姜沆等人，他們能夠自由活動，這都多虧大明官員的協助。同年四月，姜沆離開伏見，前往對馬島，轉往朝鮮，最終於五月十九日抵達釜山。[12]歷經千驚萬險，姜沆得以如願返鄉，都得歸功於他始終不放棄，不斷尋找機會。然而，平安抵家，並得知父親安然無恙，並未帶來多少欣喜。姜沆親筆紀錄整段在日本的觀察與歷程，原本將此命名為「巾車錄」。巾車是為古代罪犯專設的座車，[13]姜沆身為朝廷命官，第一時間未能殉國，竟遭敵軍俘虜，在當時被視為奇恥大辱，姜沆曾自承這是「偷生苟活之罪」，[14]可見其嚴重性。

朝鮮宣祖儘管有過幾句褒獎，但對於這位衷心為國的靈光人，終究是棄而不用。執筆《朝鮮王朝實錄》的史官即明白表示，朝鮮宣祖認為：「姜沆向日本人投降，有甚麼節義可言？」[15]還有甚麼比起被君王蔑視，更令忠臣傷心？加上當時日益激烈的朝鮮黨爭，歷劫歸來的姜沆已無心於朝政，一六〇二年、一六〇八年斷斷續續有職缺，希望由他擔任，但他一概以「罪人」的身分拒絕。姜沆返回靈光，他在那裏開班授課，教育未來的讀書種子，結束一生。如果沒有戰爭，想必他能有不一樣的仕途，甚至成為領議政（相當於行政院長）也未可知。然而時

12 姜沆在日本的編年史，可參見姜沆，朴鐘鳴譯注，《看羊錄：朝鮮儒者の日本抑留記》，頁二九七－二九九。
13 「夫巾車固罪人之乘」，見姜沆，《看羊錄》，頁三十四。
14 姜沆，《看羊錄》，頁十六。
15 《朝鮮王朝實錄》，顯宗九年四月十三日，辛巳條。

光終究無法重來。

戰爭少了點甚麼？

透過魯認、姜沆的遭遇，重新體會壬辰倭亂，那些過去在大敘事下的小細節，慢慢地被勾勒出來。最後，我希望在本章進一步總結，在閱讀前述的兩個故事後，有甚麼是需要用放大鏡仔細端詳的部分，並從今日回顧這場戰爭，反省它在東亞歷史上的意義。

綜觀魯認、姜沆的故事，儘管他們都是朝鮮人，在母國大地上抵抗日本敵軍，卻均被擄至日本，這可以理解為意外的巧合，但也不盡如此。魯認說被俘虜的都是「良家士族」，[16]也就是出身好的人家，或是兩班；姜沆問日人為何俘虜他，得到的答案是：「因為你們一行人都戴著絲質的帽子，身著輕暖之衣，認定你們是官人，於是綁去日本。」（以公等著絲笠，衣輕暖，認為官人，將縛致日本。）[17]由此可見，他們識得文墨，出身較好，這些條件才是日軍沒有第一時間痛下殺手的原因。更進一步說，我們能夠知悉他們的故事，也源於他們極高的文

16 魯認，《錦溪集》，卷三，〈丁酉被俘〉，頁一九六。
17 姜沆，《看羊錄》，頁三十二。

學素養，才能留下如此寶貴的紀錄。

其次，除卻兩人不相上下的堅決毅力，始終尋覓機會返回家鄉，很難忽略過程不乏雷同之處。例如他們都因為擁有書寫、閱讀漢文的能力，累積財富，魯認藉此收買人心，並購置若干食糧，方得以度過難關；姜沆更是與日本儒者交流學問，漢文以及儒學是雙方的共同語言，即使戰火也無法掩蓋。

最後，朝鮮人對大明的信任或許是最出乎意料的，朝鮮人對大明像是懷抱無比的信心，當大明官員抵達日本，彷彿天大的機會降臨，試想一位葡萄牙人、菲律賓人，是否能得到朝鮮人相同的反應？更廣泛地分析，不僅是對大明之人懷抱親切之感，朝鮮人在日本藉以謀生的技藝，亦源於對中華文化的學習。不論是書法或儒學，儘管朝鮮擁有自身發展的傳統，與中國不盡相同，但魯認、姜沆稱大明將領是天將、天兵，魯認視大明為父母之邦，再考量到他們一身滿溢漢文化色彩的技藝，壬辰倭亂中的「大明」實在不容小覷。

如果說這場戰爭少了點甚麼，我想來自「大明」的聲音是最值得著墨的。經由前一章的討論，固然不應過分推崇大明的大義凜然，動輒稱以正義之師，多麼義正詞嚴。大明官員對著朝鮮使節質問運糧、出兵的事宜，有時是不假辭色的咄咄逼人，此些內容已如前章所述，不再贅言。即使是派往朝鮮作戰的明軍，亦不如想像中軍紀嚴明，大明官員曾經坦白地向權挾說：「之前我們軍隊到你們國家騷擾百姓，十分可惡，你們的民生真是太可憐了。」（前者我軍到你國擾害你民，十分可惡，你國民生豈不可憐乎？）[18]甚至認為明軍之擾害，較日軍有過之而無不及。[19]大明官方對戰爭的斤斤計較，以及對朝鮮的質問、侵擾，都是朝鮮方面的困擾，當考量到明軍無償出兵的義舉，同時應注意到這些歷史事實。

二〇一六年，中國大陸與大韓民國合資拍攝電視劇《壬辰倭亂1592》，不免重複這樣的格式：朝鮮將軍李舜臣的軍功、大明的大義凜然、中朝友好，三個元素齊聚在「抗日」的旗幟下。當代關於壬辰倭亂的敘述，「大明」的出現除了呼應國際合作的友好意象，是否還另有可以扮演的角色？更清楚地辨析，站在大明的立場，應該怎麼書寫壬辰倭亂？那些與魯認、姜沆相處過的大明官員，那群曾經站在朝鮮半島上的大明軍隊，他們的聲音是甚麼？這個問題，必須從另一場戰爭談起。

18 權挾，《石塘公燕行錄》，頁二十九。

19 「天兵之侵害又不下於倭賊」，見權挾，《石塘公燕行錄》，頁二十九。

那一年，我們站在一起

中國史書對壬辰倭亂的著墨不多，甚至稱得上漠視。清代一本流行於民間的歷史教科書《綱鑑易知錄》，從一五九二年戰爭開始直至結束，沒有一字提及明朝出兵朝鮮。[20]即使是出版時間較早的《明史紀事本末》（一本關於明朝歷史的讀物），為這場戰事所下的結論，居然是：「若非豐臣秀吉病亡，日本軍隊解散，七年之間，陣亡軍士十餘萬人，耗費金錢數以千計，後來善後也不得方法，倘若告之國法，有誰能逃干係！」（向非關白貫惡病亡，諸倭揚帆解散，則七年之間，喪師十餘萬，糜金數千鎰，善後之策，茫無津涯，律之國憲，其何以辭！）[21]明朝自然沒有喪師十餘萬，更別說這種評論方式一筆抹煞明軍的功勞。不論是《綱鑑易知錄》對此事的空白處置，或是《明史紀事本末》的扭曲敘事，壬辰倭亂的明朝在戰後一百年，經歷許多變化，而這都得追溯一場戰爭：薩爾滸之戰。

那一年是一六一九年，大明與金國（後來的清國）在薩爾滸有過一場大戰，大明與女真人較勁多年，迎來此關鍵性的戰役。大明為剿滅努爾哈齊（一五五

20 請參閱吳乘權等輯，《綱鑑易知錄》，頁二八四三—二八四九。
21 谷應泰，《明史紀事本末》，卷六十二，〈援朝鮮〉，頁九八〇。

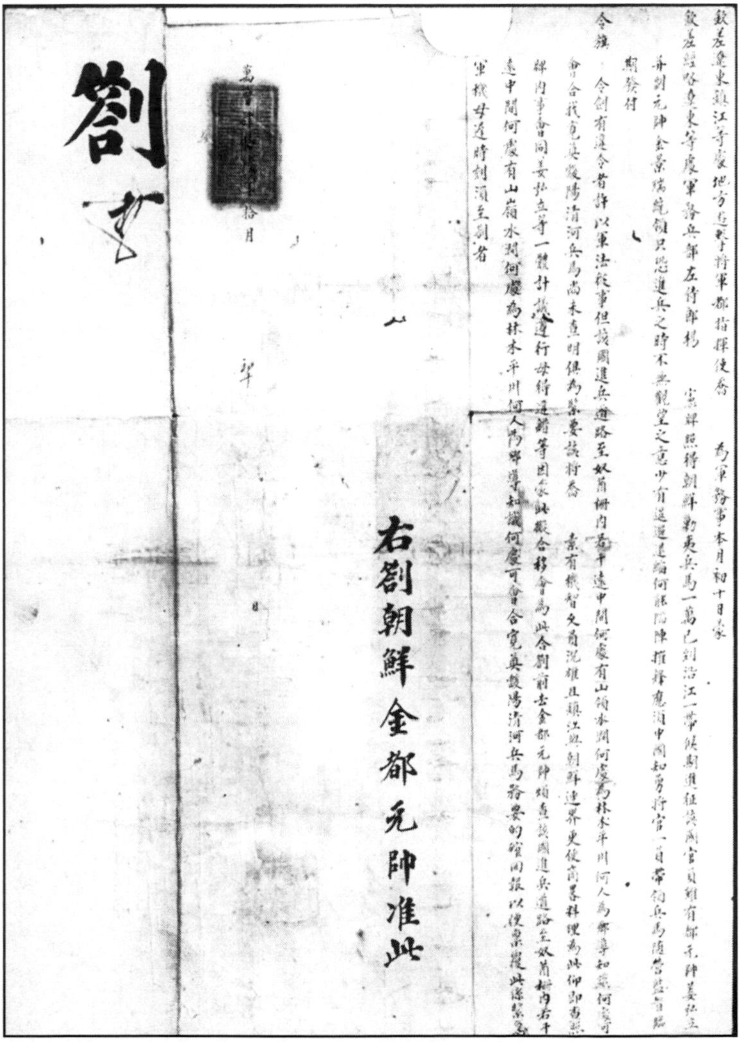

〈明遼東都指揮使劄〉，這是明朝官員發給朝鮮方面的公文書，時在1618年，正是薩爾滸大戰前一年，現藏韓國國史編纂委員會。

九－一六二六），特地徵召一萬三千名朝鮮軍隊，這是繼壬辰倭亂之後，兩國再次並肩作戰的歷史時刻。大明主帥是曾總理朝鮮軍務的楊鎬（？－一六二九），此外劉綎（一五五八－一六一九）、李如柏（一五五三－一六二〇）等人，均是參與過援朝戰役的將領。大抵上，歷史學家將此戰評價為扭轉明、金情勢的關鍵：大明喪失能夠野戰的精銳，金國以少勝多，奠定最終的勝利基礎。壬辰倭亂的敘事，就是從此捲進明清戰爭的格局中。

那些曾經親臨朝鮮戰場，獲得戰功的大明將領，數年後踏上薩爾滸，遭過慘敗。清朝人應該如何評價他們？他們在朝鮮取得豐碩的成果，但在薩爾滸失敗？這不是一個理想的敘事。他們本來就是無能的將領，因此在薩爾滸遭到大金圍剿，這是天命所至，因為我們（大清）的勝利是不容質疑的堅強。在朝鮮人眼中評價極高的楊鎬、劉綎、李如柏，他們的一生在明清交替的變局中，被迫改頭換面，以符合清朝官方預期的形象問世。

清代史書不關心壬辰倭亂的理由繁多，首先，自古以來中國史官不樂見在位者開疆拓土，大動干戈，均主張偃武息戈。明朝的讀書人，針對援救朝鮮的呼聲固然很高，但評價時不免保守，其中包含警示未來君王的用意。再者，這場戰爭的重要性之於不同國家，不盡相同。對於當事者朝鮮王朝而言，這是決定國家存續的戰爭，也確實一度喪失絕大部分的國土，百姓流離失所，因此事後對此的追述與報告，數量甚夥，魯認、姜沆的文字紀錄即是其中一種。相較之下，援朝鮮只是《明史紀事本末》之一章，僅是萬曆三大征之一，與明朝晚期至關重要的明清戰爭相較，更難以相提並論。在這樣的情況下，清朝人描繪戰爭的方式擁有更多的彈性，畢竟明朝留下的「遺產」本就不豐富，加之清朝已掌握政權，編寫明朝晚期以降的歷史，必須考量到清朝入關的合理性，調整明朝晚期的歷史敘事，毋寧是極為合理的安排。

以研究明清之際著稱的歷史學家李光濤（一九〇二—一九八四），亦曾針對壬辰倭亂進行深入研究，他在逐頁翻閱《朝鮮王朝實錄》以及若干朝鮮史料後，寫下這麼一句心得：「幸而上面有朝鮮國之言為證，否則我們幾為《明史》所誤。」[22] 此語是極好的註解，若僅靠清代產出的歷史文獻，誤人者豈止於清人所修的《明史》？

朝鮮確實保留豐富的文字紀錄，但僅靠朝鮮人所寫的文字，就趨近於真實嗎？清朝人確實有其考量，但明代、清代史料就不值一提嗎？歷史的答案不是套

22　李光濤，《朝鮮「壬辰倭禍」研究》，頁十四。

用二分法的問答可以回應的。近年來，倭亂期間明軍在朝鮮土地上的為非作歹，以及若干騷擾百姓、官方的惡行，為韓國學界關注。同時，大韓民國的影視作品動輒利用平民百姓，甚或朝鮮國王的角色，宣示著「朝鮮自主」、「遠離大明」的臺詞，學術與國情互為表裡，一以貫之。

明將楊鎬、李如柏的聲音曾是朝鮮戰場的主唱，如今卻淪為配角，乃至消失得無影無蹤。在戰爭期間曾擔任領議政的柳成龍（一五四二－一六〇七），其職務相當於行政院長，於戰後撰寫一本旨在反省戰禍的著作《懲毖錄》。書中關於「天兵」的描述多不勝數，柳成龍同意能夠戰勝，必須感謝明軍出救，「不然則殆矣。」[23] 今日所見的壬辰倭亂，歷經薩爾滸之戰的洗禮、明清交替的歷史格局，以及朝鮮主體性不斷膨脹的歷程，其內容受到不同程度的擠壓，成為今日的樣子。中國的歷史文獻固然對此存在前述的幾種限制，但描繪一場三方交雜的歷史，本就無法忽視任何一方。魯認、姜沆曾與大明官員合作，雙方充滿溫情與敬意；大明官員曾對朝鮮使者噓寒問暖，卻也曾直言不諱地指責補給不力、不思反省，凡此皆是歷史事實。倘若無法理解一本清代的歷史讀物中，為何缺漏壬辰倭

23 柳成龍，《懲毖錄》，頁一六一。

亂的那一頁；一如今人只記得李如松勇戰朝鮮，卻不重視魯認、姜沆顛沛流離的故事，戰爭都將少了點甚麼。

第三章　皇明中華的尾聲：最後的「朝天使們」

正當金堉與李晚榮出使北京期間，
皇太極已提兵十萬，再次攻打朝鮮。
朝鮮國王步出南漢山城投降，
此後，朝鮮改奉大清正朔，與大明永絕聯絡。

這是他們兩人最後的朝天之行。
也是朝鮮國面向大明這兩百多年來，必須轉向的時間點。
兩個最熟悉中國的外邦人，參與了這場時代變局。

十七世紀最重要的「全球新聞」是甚麼？美國普林斯頓大學（Princeton University）東亞系教授Paize Keulemans的答案是一六四四年，明朝滅亡。[1]加爾文學院（Calvin College）的Edwin J. Van Kley則表示，對於他的世代而言，毛澤東（一八九三－一九七六）於一九四九年帶領中國共產黨取得最終勝利，是當時來自中國的重大新聞。他提醒，對於十七世紀的西方世界，明朝滅亡頗受歐洲人矚目，這類似二十世紀毛澤東造成的效果，中國統治者的更迭，象徵新時代的到來。[2]回顧十七世紀的世界史，明朝扮演舉足輕重的角色；他是不可忽視的話題，不僅盤旋於亞洲鄰近各國上空，同時吸引歐洲人的目光。曾經有一個時代，他的名字叫做明朝。

暫時不論「明朝滅亡」的意義，或是檢討「明朝何以滅亡」的難題，對於這個歷時二百七十六年的時代，在他轟然倒下之前，是一個甚麼樣的時代？我想說的是，在「全球新聞」躍上螢幕之前，倘若重新製作一份完整的新聞報導，應該

1 古柏（Paize Keulemans），〈開放世界的傳說——作為荷蘭戲劇、中國傳言和全球新聞的明朝之亡〉，頁一三八。

2 Edwin J. Van Kley, *News from China: Seventeenth-Century European Notices of the Manchu Conquest*, p. 561.

使用甚麼標題，擺脫一六四四年的既定認知，嘗試用不同的角度，述說明朝晚期的故事。

著名的歷史學家王汎森曾提醒研究者，探索歷史問題時，史家有時會不自覺地將「事件的邏輯」與「史家的邏輯」相混。事實上，閱讀歷史文獻，分析前後脈絡，有時我們需要蓋上名為「無知」的布幕。因為研究者對「歷史」太熟悉，往往會下意識地先入為主，對於歷史線索的關注，集中在那些有助於補充「已知」詮釋的細節。[3]此番議論，目的不是要推翻「明朝滅亡」的歷史事實，亦絕非尋覓出滿洲人沒有入關的顛覆。歷史已然過去，但在觀看、審訂的過程，放空一切，重新開始，今人或許能有意外的發現。那麼，明朝滅亡之前的中國，應該是甚麼樣子呢？

明朝立國於一三六八年，如果以一六四四年崇禎皇帝（一六一一－一六四四）步上景山自縊身亡為止，國祚二百七十六年。當代明史學者將明朝分為「明初」、「明中葉」、「晚明」三期，如果特別關注晚明的歷史，會驚訝於當時多采多姿的庶民生活，以及多元創新的思想風潮。儘管各家劃定的時段間互有出

3　王汎森，《執拗的低音：一些歷史思考方式的反思》。

入，晚明的起始大致落在嘉靖（一五二二—一五六六）、萬曆（一五七三－一六二〇）兩個時代之間。如果從萬曆元年算起，距離明亡計七十一年，這麼一個被研究者視為繁榮強大的時期，卻又如此接近謝幕時分，當真令史家不勝唏噓。

明朝晚期，乃至於明朝末年，一直以來吸引著研究者的目光。事實上，生活於晚明的人物，同樣程度不一地領略到明朝的魅力，例如一六三七年時宋應星（一五八七－一六六六）曾表示：「我很幸運地生活在大明極為強盛的時代，雲南的車馬能夠直抵遼陽，南方的官員與商人能夠遨遊北方。即使遠在萬里，有甚麼事情我不知道？」（幸生聖明極盛之世，滇南車馬，縱貫遼陽，嶺徼宦商，衡遊薊北。為方萬里中，何事何物不可見見聞聞？）[4]宋應星文字間的自信溢於言表，晚明交通往來之便利，資訊傳播之發達，令宋應星耳目一新，他像是時代顛峰的目擊者，為我們掃去七年後即將亡國的陰霾。

將目光遠離中國大陸，還有另一群目擊者值得注意，他們是派往中國的朝鮮使者。在危急萬分的壬辰倭亂期間之外，朝鮮使者依舊按照外交慣例，頻繁地穿梭漢城、北京之間。這些嫻熟漢文化的朝鮮知識人，針對腳下的中國大地留下各

4 宋應星，《天工開物》，〈天工開物卷序〉，頁二十三。

種「目擊」，這無疑是歷史為明朝打開的一扇新窗，透過來自異域的雙眼重新檢視晚明社會，重訪全球新聞發生之前的中國。令朝鮮人印象深刻的晚明，究竟是政治腐敗，貪風不止的醜惡時局？抑或是宋應星筆下的「聖明極盛之世」？這是本文企圖回應的設問。本章與第四章將環繞著朝鮮使臣的各種「中國觀察」，從萬曆年間啟程，直抵清乾隆年間。在本章正式開始之前，唯一懇請讀者注意的是，以下活動於明代的各色人物，皆不像你那般真知灼見，知曉明朝將於不久後滅亡。

朝天．朝天官

一路以來，趙憲（一五四四－一五九二）是越聽越感失望，尤其考量到他擔任「質正官」一職，跟隨使節團前往中國，更是顯得諷刺。這一年是一五七四年，明萬曆二年，年幼的萬曆皇帝（一五六三－一六二〇）甫登基不久，僅僅十歲。不論大明皇帝是長是幼，朝鮮國按照外交慣例，定期派出使節團，祝賀大明皇帝生日，又稱「聖節」。

萬曆二年的使行是趙憲的初體驗，也將是最後一次。不同於其他使臣，趙憲肩負著一個特殊的任務，他的職稱是質正官，古稱「朝天官」，目的是向大明學習知識，準確無誤地理解後，帶回朝鮮。曾於嘉靖年間（一五二二－一五六六）

七次出使中國的魚叔權，[5]針對質正官一職說道：「過去前往中國的使節團，會另外派遣一位文官隨去，稱作朝天官，後改名質正官。命令承政院抄錄艱澀難懂的官方用語、地方俗語，交給質正官，詢問序班，得到釋文草稿而來。」（舊例於赴京使臣之行，別差文官一員隨去，謂之「朝天官」，後改曰「質正官」。令承政院抄給吏語、方言之未解者，憑序班草得註釋而來。）[6]

朝鮮自立國以來的國策之一，就是引進大明的典章制度，進而修習其學術思想。質正官是一個極佳的佐證，具體而微地呈現那條聯繫朝鮮與大明的文化動脈，仍充滿生機地跳動著。根據朝鮮官方文獻《朝鮮王朝實錄》，最早關於質正官的紀錄始於一四七七年，相當於明朝的成化年間（一四六五－一四八七）。[7]從此時算起，直至趙憲駕馬慢行於遼東的貢道上，這個制度已運行逾百年之久。朝鮮士人研讀中國典籍，同時不定期派出使節前往大明，檢證各種知識是否正確，尋覓未解之語的答案。朝鮮與大明的聯繫是如此緊密，或許連身處其中的朝

5 魚叔權，《稗官雜記》，頁六十一－六十二。

6 魚叔權，《稗官雜記》，頁十七。

7 最早關於質正官的文獻，係當時擔任「漢訓質正官」的金錫元向朝鮮國王呈上的一份報告，見《朝鮮王朝實錄》，成宗八年閏二月十八日，丙辰條。

襲爵。

賀盛時日。程氏後子孫亦多。賢者亦寡矣。王之符云。

程氏子孫方有遊于縣學者矣。濂溪二程朱子子孫俱爲五經博士云云。但未知其能繼祖業者也。

八月二十五日。五經博士孟彥璞一本遵 明詔。欽

恩賜給誥命。以隆 聖化事。奉 聖旨。吏部知道。

質正錄

撚物

以手磨研凡物也

糖子

把钁

農人之橇把也

瘢疤

凡人破傷之痕也

披厦

即中國京外衙門及私室夾房也。今之火房。正謂此也。

石油

陝西四川兩界之中。連陰谷三百里中。有一石山。巔上有穴。穴中有石汁出。取汁點燈。則不滅也。

重峯集 卷十二 日記 四十六

馬蹄塩

塩名。形如馬蹄。陝西多有之。

枋櫯

今之染紅櫯木也。

蛢虫

馬蛭也

𦞦脛

人之曲膝也

譒語

凡人得病。氣虛妄言也。

鯔子

今之梭魚也

杜荐缺以下

禮部歷事監生姓名鄉里

劉應聘 嗣溪。山西平陽府翼城人。

陳一中 少鶴。四川重慶府涪州人。

楊光溥 奎垣。萬全都司人。

楊允 紹川。順天府通州人。

李棐 槐川。直隸大名府濬縣人。

崔鶴徵 晉山。山西太原府代州人。

重峯集 卷十二 日記 四十九

趙憲《朝天日記》中收有一份〈質正錄〉，記載朝鮮士人對中國為之事物的好奇。（出處：燕行錄全集）

鮮人都難以名狀。

然而，趙憲卻是越來越感矛盾，即使質正官不如過去受到重視，但仍象徵著朝鮮向大明吸收新知的意象；更深一層地說，朝鮮藉此追隨一個最具備中華內涵的國家，期盼自己也能「以夷入夏」，成為中華。嘉靖十八年（一五三九）出使大明的權撥（一四七八－一五四八），當他發現負責外交事務的禮部轉給他們的公文中，將朝鮮稱為「夷人」，他立即表示：「我朝鮮國用中華法度，一改夷狄之風，行之已久。現在看到題本上有夷人之語，深感不安，還請大人稍微考慮一下如何？」（本國用夏變夷，有自來矣。今見題本有夷人之語，竊所未安，望大人酌量何如？）[8]可見朝鮮士人心中，如此介懷，如此看重「中華」。因此，當中國境內的遼東居民彭文珠抱怨起時政，這對趙憲及同行的使臣而言，真是一大衝擊。

彭文珠名下有不少田畝，但一如趙憲的觀察，彭並不富有，甚至有「窮相」。趙憲不改直腸子的個性，問道：「你有許多田，怎麼有窮象〔相〕乎？」[9]彭文珠直說都是當地官府的問題，每年徵收人頭稅一兩銀子，家有十人，就得上繳十兩。趙憲念頭一轉，既然地方官出差錯，自然得尋求監察體系的官員協助，

8 權撥，《朝天錄》，頁三〇七。
9 趙憲，《朝天日記》，頁一四九。

於是追問此地的御史是誰。一提到監察御史，彭文珠更是生氣，他表示御史是南方人，剛來的時候只是「瘦蠻子」，現在已是「胖蠻子」了。蠻子是北方人譏笑南方人的用語，至於由瘦而胖，指的是吸吮民脂民膏，累積可觀的財富。趙憲聽罷，認為御史不能彈劾貪官，反而貽害百姓，真是尸位素餐、敗德害民。

深感大明吏治黑暗面者，除趙憲外大有人在，同行的書狀官許篈（一五五一－一五八八）即是一例。書狀官是使節團中的高級官員，與正使、副使合稱「三使」或「三大人」。書狀官至為重要的任務是在使行結束後，撰寫一份報告，又稱作「聞見別單」，上供朝鮮國王參閱。因此相較於趙憲，許篈的紀錄更為細緻，具體呈現出當時大明的樣貌。

與趙憲一樣，許篈越接近北京，越發真實地認識中國。遼東地方官員陳言屢次勒索朝鮮使節，連包裹外交文書的朝鮮紙（俗稱鏡面紙）都不放過。在許篈眼中，他「狀貌獰惡，貪墨自恣」，[10]真是醜惡至極。許篈與中國百姓莫違忠筆談，亦提及大明賦稅之重，此外又有雜役，例如要求無償提供牛、驢，甚或是替官府釀酒、養官馬，層出不窮。苛捐雜稅名目之多，以致窮苦人家典子賣女，家

10 許篈，《朝天記》，頁七十二。

破人亡。[11]許篈認為此類官員「總以為百姓是愚昧的，於是放肆地欺壓他們。」（每以黎庶為蠢蠢，而侈然以肆於其上）[12]當他面對大明官吏公然索賄，只能感嘆「這人只知道貪心，完全不顧廉恥，名為中國人，但其實與野蠻人沒差別。」（此人唯知貪得，不顧廉恥之如何，名為中國，而其實無異於達子）[13]這實是朝鮮人對「中華」的嚴厲批判。[14]

儘管在北京接待趙憲的中國館夫直言「今之為官者，寧有不要錢者乎？」[15]但萬曆年間的中國似乎尚未走到盡頭，真有為官不要錢的人。按照舊例，使節團準備禮品，沿路發送官員，一方面是為自己謀方便，一方面是替朝鮮國積蓄外交能量。行經廣寧（今遼寧省北鎮市），照例送到都御史張學顏府上，張只收下禮品清單，並將清單張貼於自宅外牆，上頭寫著「廣寧四面與外國接壤，動輒有損國家清名，我不敢收受賄賂。」（四臨邊陲，動有清名，不敢以賄賂來干）[16]備

11 許篈，《朝天記》，頁一九六。
12 許篈，《朝天記》，頁一九九。
13 許篈，《朝天記》，頁八十四。
14 關於朝鮮使者利用「中華」的觀念批判明朝，最先注意到此問題，並深入研究者為日本學者夫馬進，請參閱氏著，《朝鮮燕行使と朝鮮通信使》，〈一五七四年朝鮮燕行使の「中華」国批判〉。
15 趙憲，《朝天日記》，頁二一八。
16 趙憲，《朝天日記》，頁一六九。

禦指揮使楊大烈、總兵官李成梁（一五二六－一六一五）同樣不收禮品，兵部職方司主事裴賜僅接受硯台與白米，他表示「米以奉母，硯備文友」，[17]謝絕其餘的人情禮物。

除了拒收禮品的清官，也有被治下民眾牢記姓名的親民官。趙憲一行人曾於薊州（今天津市附近）借宿民居，趙憲向主人家詢問是否有「好官」，主人歷數三位清勤愛民、性甚勁直，不為非作歹，且深曉民事、決斷如流的地方官員。[18]在朝鮮貢使痛批大明吏治之際，不能忘了這些堅持為官有道的人。

國防線上

另一個值得注意的，是從遼東綿延至北京的防禦設施。朝鮮貢使橫渡鴨綠江後，歷經一片杳無人跡的大地，沿路山巒疊翠，宛若仙境。稍稍靠近中國邊境，以行政區「遼東都司」為中心，大明耗費心力，樹立起數量可觀的城寨、哨站、堡壘。朝鮮使者很難不注意到，這些坐落於地景上的軍事建築，趙憲即評論道：

17 趙憲，《朝天日記》，頁一八六－一八七。

18 書寫歷史的一大目的，是為那些做過正確選擇，並努力堅持的人留下紀錄。這些好官的姓名是王名桂（河南懷慶府人）、汪洪（徽州人）、馬貌（大同府人）。見趙憲，《朝天日記》，頁一九八－一九九。

「自遼東一路往西，每五里就有一座守望臺，沿路不絕。臺上有小屋，臺下有簡單的防禦措施。按例五位士兵的家庭居其中，每位士兵月薪二錢重的銀子。如果是邊牆、烽火臺的守軍，另外補給冬天的衣服。大明養兵的功夫，守禦邊疆的策略，真是完善！」（自遼以西，五里一臺，相望不絕。臺上構屋，臺下又設小城。城中例令五丁率家以守之，丁給月俸銀二錢。邊墻煙臺之軍，則加給冬衣。其養兵之勞，守邊之策，可謂至矣！）[19] 趙憲對於貢道沿路所見的軍備狀況，稱讚備至。

明朝在遼東一帶的防禦措施其來有自，堪稱國防上不可或缺的環節。有明一代，著名的外患不外乎「北虜南倭」。「倭」指的是日本，侵擾明朝東南沿海省分，後來進一步征伐朝鮮，引發萬曆年間的朝鮮之役。「虜」則是蒙古，肇因於元朝廷北遁後，勢力北退而不散，長期籠罩明朝北邊的國防線上。趙憲等人稱譽備至的軍事堡壘，銘刻著大明、蒙古激烈戰鬥的印記。值得一提的是，若干年後女真取代蒙古，成為大明的主要敵人，此時朝鮮使者的腳下之地將是大明、大金兩國首次交鋒之所。

---

19 趙憲，《朝天日記》，頁一六一－一六二。

歷史的後見之明告訴我們，大明國最終敗北，努爾哈齊（一五五九－一六二六）率領著八旗鐵騎在薩爾滸擊敗明軍，遼東都司全部失守。然而，有那麼一個耳熟能詳的地方，在明朝滅亡之後，仍舊屹立不搖。趙憲認為此處「軍用物資，品質精良，數量充足」（軍資器械，無不精完。）[20]，這裡就是以山海關為中心發展出的防線。山海關素有「天下第一關」的美譽，因為地勢險要，又距北京不遠，乃拱衛京畿的軍事重鎮。

今人或許很難將萬曆年間的中國，直接聯想到「軍事強國」一詞。透過趙憲的眼睛，值得注意大明對國防的重視與規劃。他寓居北京時期，夜半時分仍舊聽到軍隊操練的聲音，一問之下才知道，原來即使是夜晚，守城部隊亦輪番訓練，並順便巡視，以防盜賊。[21]每天早晨則固定聽到砲擊聲，係明軍日日於射擊場演練火器，趙憲表示：「軍隊每日照常操練，沒有一天懈怠，這都是為了維持士氣，熟習戰技。」（日日如是，無時或廢，欲其不忘戰也。）[22]固然巡守京師一帶的軍隊，必是萬中選一的精銳，非駐防地方的部隊能比。然而這仍舊有助於理

20 趙憲，《朝天日記》，頁一八四。
21 趙憲，《朝天日記》，頁二一七。
22 趙憲，《朝天日記》，頁二五九。

解，大明不惜巨資於國防最前線的實況，爾後在朝鮮與日軍一較高下的軍事主力，即是憑藉著遼東軍隊。

分析朝鮮使者對大明軍事的觀察，我們不應忘記一點，儘管朝鮮與大明維持穩定的邦交，這卻不代表朝鮮不提防、警戒大明的一舉一動。事實上，從朝鮮使者鉅細靡遺地探聽軍事情資，如守兵人數、將領官階，乃至防守的陣勢、軍資的多寡，顯示朝天之旅的目的除了學習知識，也包括國情觀察。這才是與大國相處的真實心態，又敬又防、又愛又怕。

學術話題

「學術」亦是朝鮮貢使關心的話題，在朝鮮讀書人心中，甚至可說這更能評斷出一國力量之盛衰。學術看似生硬的議題，但從思想狀態的脈絡考察，學術實是最能使朝鮮、大明產生共鳴的話題。本書登場的朝鮮使者，皆是土生土長的朝鮮人，但他們紀錄所思所想的文字，大部分是漢文。儘管朝鮮士人不懂漢文口說，卻為了準備科舉（文官考試），自小學習漢文，閱讀出自中國先賢之手的儒家經典。試想一位臺灣人，能夠熟練地運用英文撰寫散文、詩詞、時政觀察，語言對他的影響，不僅是工具性的存在，更可能影響他自身的文化認同。朝鮮人雖口說今日所稱的「韓文」，讀書人卻戮力研究漢文學，並以此為品評才華的依據。

既然如此，朝鮮人眼中的大明學術風向，又是如何？對於像許篈這般出身世家，並以文學聞名的朝鮮才子，當然渴望能夠正式與中國士人分出軒輊。明朝初年沿襲元朝的制度，科舉考試允許朝鮮派人參加，洪武四年（一三七一）就曾有朝鮮人高中金榜。此制度後來因國際政治的問題而取消，許篈深以為恨，遺憾未能參與其事。[23]兩國在科舉的形式、場次、科目上雖有不同，但研讀的經典卻是相同的，因此許篈的「恨」倒也可以理解，倘若給予時間準備，或真能榜上有名。值得注意的是，朝鮮與明朝共同分享學術經典的這個現象，在明朝晚期逐漸受到挑戰，許篈、趙憲正是目擊此景的見證者。

明朝科舉的「指定教科書」本諸儒家經典，在選本與解釋上依循程朱理學一脈。然而，長期以來主導學術思潮的朱子學在嘉靖年間遭遇亂流，以王陽明（一四七二－一五二九）為首的讀書人掀起新風潮，最為簡化的解釋就是「心學的崛起」。筆者無意涉入明朝晚期思想史的討論，進行學術性、哲學性的辨析；唯一想指出的是，朝鮮受大明影響，自立國以降就是堅決的朱子學擁護者，最具代

23 許篈，《朝天記》，頁一八〇。

表性的兩位朝鮮儒學家李滉（一五〇一－一五七〇）、李珥（一五六三－一五八四）即因大力發展朱子學而受肯定，時至今日兩人的肖像更印行韓國千元、五千元的紙鈔上，備受推崇。

換句話說，朝鮮本就關心大明學術的風吹草動，也一直以能夠掌握這些學問，感到自信與驕傲。抱持此種心態的朝鮮使者，與沿路認識的大明讀書人交流學問，大明的學術卻已發生超乎想像的變化。根據幾位底層讀書人的說法，大明朝廷正準備將王陽明入祀孔廟，意義等同頒給這位朝鮮徹底敵視的學者「諾貝爾獎」。因此，許篈一抓住機會，便向大明讀書人嚴詞詢問此事，他曾與遼東正學書院的四位生員筆談，[24]席間表示：「我聽說最近王守仁的邪說非常流行，孔子、孟子、程頤、朱子一脈的學問凝滯不通，難道這正統學問即將滅亡了嗎?!」（竊聞近日王守仁之邪說盛行，孔孟程朱之道，鬱而不明云，豈道之將亡而然耶?!）[25]對陽明之學提出嚴正的批判。

相形之下，大明生員的回應，更加激怒朝鮮使者，他們認為：「我國的王陽明老先生，學問源自孔子、孟子，不是甚麼邪說可比擬的，而且他文章、事

24 這四人是賀盛時、賀盛壽、魏自強、呂沖和。見許篈，《朝天記》，頁一一〇。

25 許篈，《朝天記》，頁一一二。

功均有可觀之處，近來為人們所推崇。」（本朝陽明老先生，學宗孔孟，非邪說害道者比，且文章功業，俱有可觀，為近世所宗。）[26]顯而易見的是，大明生員認為朝鮮貢使誤解王陽明及其學問，於是多所澄清。雙方來回往復，始終無法改變對方的立場，許篈送走四人後，不禁感慨「今時今日，已沒有人知道朱子的學問了。邪說四處橫行，倡邪說的禽獸大行其道，正道將滅絕，國家將滅亡。」（今之天下，不復知有朱子矣。邪說橫流，禽獸逼人，彝倫將至於滅絕，國家將至於淪亡。）[27]許篈對萬曆年間的學風，失望之情溢於言表。

事實上，當時大明上下絕非一致贊成王陽明入祀孔廟，朝廷為此爭論甚久，由此亦可見反對的聲浪不小。[28]趙憲、許篈在相當於大明最高學府的「國子監」與幾位學生談及王陽明，許篈無法理解「何以推崇陽明者眾，欲舉從祀之典乎？」其中一位監生回應道：「此亦非天下之通論，南人皆尊陽明，而北人則排斥之，故從祀之議今尚未定也。」[29]陽明入祀孔廟與否，萬曆二年仍充滿未知數，

26 許篈，《朝天記》，頁一二一。

27 許篈，《朝天記》，頁一二五。

28 關於這方面的研究，請參閱朱鴻林，〈陽明從祀典禮的爭議和挫折〉。楊正顯，〈王陽明《年譜》與從祀孔廟之研究〉。

29 許篈，《朝天記》，頁二五五－二五六。

這可以說帶給許篈不少慰藉吧！

令人遺憾的是，眼前的國子監生名義上位居全國讀書人之首，卻沒能為朝鮮客人帶來一絲好感。朝鮮士人懷慕大漢威儀來到北京，國子監、孔廟等代表「中華」的景點堪稱聖地。趙憲等人穿上官服，戴上官帽，以最正式的儀態拜訪國子監，[30]即是此種心態的明證。然而國子監生的表現卻不如人意，先是當朝鮮客人拿出準備贈送給監生的禮物，監生不顧形象地蜂擁而上，爭先搶奪，許篈形容「諸人雜起，相爭捽奪，無復倫次，余等甚鄙之。」[31]趙憲則是奚落道：「與以筆墨，則群聚而角之，如恐不及。所謂日日勸講，而所教者何事？」[32]懷抱的期望越高，失望越徹底，許篈離開國子監後，痛罵此地老師不上課，學生散漫，管理者只想著當官，全然不知禮義廉恥！[33]這就是萬曆年間的學術風氣，對朝鮮使者而言幾近災難。

萬曆年間的中國在趙憲、許篈眼中，亂象叢生，與想像中的「中華」不盡相同。那麼，離開晚明，走進「明末」，又將是甚麼景象？

30 「至國子監，余等具冠服。」見許篈，《朝天記》，頁二四九。
31 許篈，《朝天記》，頁二五八。
32 趙憲，《朝天日記》，頁二四四。
33 許篈，《朝天記》，頁二六〇。

最後朝天

金堉（一五八〇－一六五八）與李晚榮（一六〇四－一六七二）是最後的朝天使者，這是莫大的榮幸，卻也道出大時代的悲歌：大明即將走入歷史。兩人於崇禎九年（一六三六）出發，是時距離亡國不到十年。當時的情勢已與萬曆年間大不相同，遼東已落入金國手中，那批驍勇善戰，曾為萬曆三大征奔馳過的將領大多故去。朝鮮人熟悉的明將如李如松、李如柏、楊鎬、劉鋌等人，皆已不在人世，事實上大多數的將領就是陣亡在這場名為「明清鼎革」的易代戰爭。

一六一九年薩爾滸之戰後，伴隨著遼東領土付與敵手，朝鮮使者專行的貢道不復存在，勢必另謀海路朝天。這條海上貢道極不安全，李晚榮表示：「海路險惡，船隻覆沒不斷，人們都將奉使前往北京視為必死，因此每當受到差遣，千方百計想要免去任命。」（海濤險惡，覆沒相尋，人皆以奉使赴燕為必死之地，每當差遣，百歧圖免。）[34]不僅明朝的局勢日益嚴峻，明末朝鮮使者的北京之行亦是危機重重。為保平安，朝鮮使者撰寫祭龍王文，並定時於船上祭拜龍王。[35]

34 李晚榮，《崇禎丙子朝天錄》，頁七十一。
35 金堉，《朝京日錄》，頁二五五。

歷經風帆之苦，即使平安上岸，一六三六年的大明並不安寧，滿洲人時常犯邊，而朝鮮人前往北京的路程，又勢必途經某些邊境地帶。事實上，又有哪裡是安全的？崇禎二年（一六二九）即有先例，邊境一帶重軍固守，皇太極（一五九二－一六四三）就曾越過重圍，直接兵臨北京城下。一六三六年的朝鮮使者與過去不同，他們不再關注學術脈動、民間風俗，而是緊盯著軍事情報，並暗自揣測大明的氣運。

滿洲人、蒙古人聯合犯境的消息不絕於耳，或真或假，時有兩軍於某處交鋒的傳言。唯一真實的是砲聲，從遠處傳來轟隆轟隆的砲擊聲，李晚榮記載砲擊聲連續不斷，有時甚至終日不絕，通常隔一天就得知是何處遭兵，誰勝誰負。[36]軍事情報，事屬機密，朝鮮使者自然不可能與聞，於是連日不斷的砲擊像是壓力課程，訓練聽者習以為常。[37]為確保前路平安，朝鮮使者想方設法打探情報，或趁著面見官員的機會，當面詢問；或招來路旁識字的漢人，收集小道消息。忐忑不安是明末朝天使者特有的心理狀態，因為無人知曉明日是否就會遇上敵軍。

36 李晚榮，《崇禎丙子朝天錄》，頁七十六。
37 關於砲擊的文獻甚夥，在此僅引用一條為證：「聞關內之賊到永平府，砲聲自關內而來，連續不絕。」見金堉，《朝京日錄》，頁二六三。

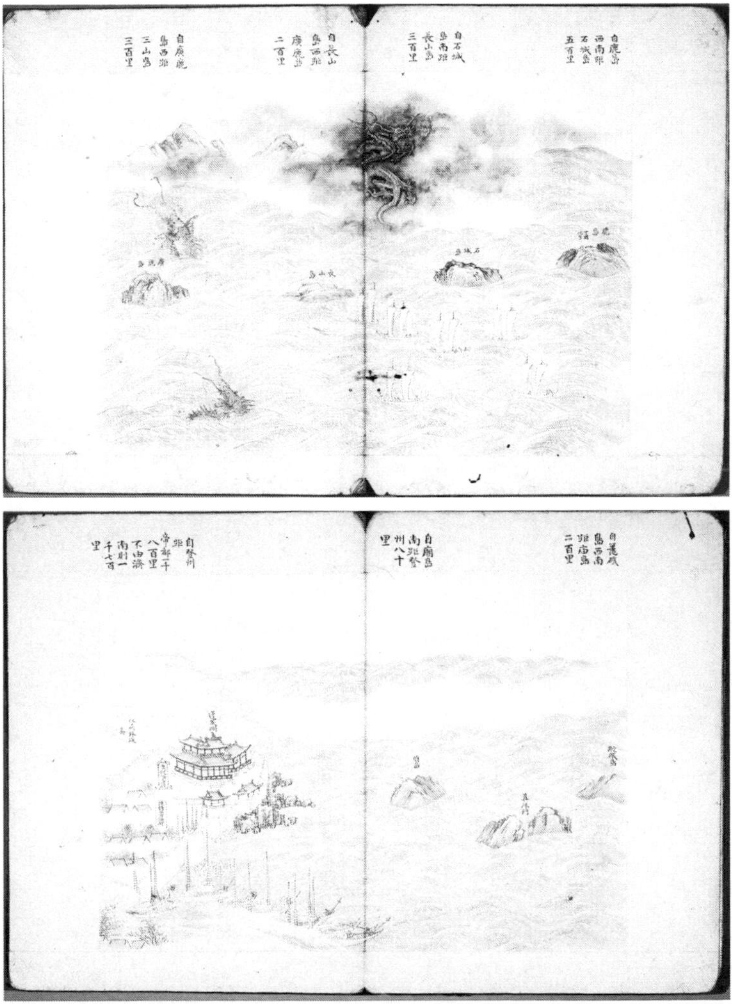

李德洞（1566-1645），〈朝天圖〉，現藏韓國國立中央博物館。OPEN
從這兩幅圖，可以體會朝鮮使者循海路前往中國的風光與危險。

值此生死存亡的陣地一帶，可以想像有時天外竄起一絲火光，接著是陣陣砲聲，使者徹夜未眠。想當然爾，生活於沿邊的百姓也不好過吧？真實的狀況與設想有差距，至少根據李晚榮的見聞，戰地居民已然習慣這種生活，即使外頭有敵軍出沒，城防深嚴，但民眾依舊四處玩鬧，商店街照樣營業，人潮洶湧，面無懼色。[38]戰爭看似沒能侵奪太多的日常，金堉、李晚榮二人一同登上通州（今北京市）的高處，滿載物資、錢糧的船隻，來往於南北，未嘗止息。[39]不管戰火如何肆虐，商人仍絡繹不絕，牽著羊、豬，以及軍用物資，奔赴前線爭利，因此山海關外物資充足，沒有沾染太多末世氣象。[40]

明末時不時出現矛盾而充滿張力的畫面：關外的疑懼氛圍，相較於關內的平和，宛若平行世界。北京城內的秣兵厲馬無疑是對衰世最好的諷刺，金堉、李晚榮在北京期間，曾前往教場觀摩明軍練兵。北京西門外的大空地上，騎兵、步兵約一萬人整齊有序地排開，雪白光亮的槍刀與日爭輝，盔甲鮮明，砲聲動地，著

38 「男女處處遊戲，呼盧擊毬，市肆繁盛，人人按堵，少無驚懼之色。蓋其習俗狃於兵革，而守城之具已完備故也。」見李晚榮，《崇禎丙子朝天錄》，頁七十七。

39 金堉，《朝京日錄》，頁二八二。

40 「自寧遠以西，路上馱載貨物及羊豬的，驅來關上貿賣者，百千為群，連續於道。至於南浦，油菜果物，貨賣接軫，故關外八城，百物填委矣。」見李晚榮，《崇禎丙子朝天錄》，頁八十。

實壯觀。[41]不過京師的雄壯威武無法改變邊境烽火四起的事實，朝鮮貢使眼中的景象雖然繁華平和，實則大明的國力已然一去不回，國防最前線的部隊員額時常缺兵，甚至有商人、肉販混入其中，戰鬥能力令人擔憂。[42]

本就遭朝鮮士人詬病的吏治更是雪上加霜，官員、宦官勒索的行徑越演越烈。宦官竟然只因為朝鮮譯官奉上的過路費太少，公然動手打人，最終加給十兩白銀，方才了事。[43]禮部尚書姜逢元更是屢屢強加勒索，動輒坐地喊價，橫生事端。

衰敗的氛圍像是無意識地靠攏，上天也扔下難題。李晚榮注意到最近幾年，中國連續數年發生乾旱，又以今年（一六三六）為最。京城內各行政機關，為阻止乾旱而努力，自行齋戒，不食酒肉。民間亦響應，禁屠殺牲畜，禁止飲酒，並四處做起法事。[44]綜合種種跡象，金堉益發不安，痛心疾首地表示：「大明邊境之外有滿洲人，內部又有流賊，加上天旱如此嚴重，朝廷大官卻只是愛錢，天

41 金堉，《朝京日錄》，頁二七三。

42 「巡按御史點閱之時，坐肆屠沽之輩皆列於行伍間，軍政虛疏若此之甚，極可寒心。」見李晚榮，《崇禎丙子朝天錄》，頁七十八。

43 「前行譯官被毆呼痛，忙馬馳回。棍徒隨後驅逐，赤挺交揮，勢極蒼皇。扣鐙旋馬退出塹橋邊下，坐問之則譯輩驚目如環，喘息未定，答曰：守門宦官，以例給刀子紙束銀兩為不足，作挐如此，此前所未有之事。」見李晚榮，《崇禎丙子朝天錄》，頁八十二。

44 李晚榮，《崇禎丙子朝天錄》，頁八十八。

朝的未來堪憂。」（外有奴賊，內有流賊，天旱如此，而朝廷大官只是愛錢，天朝之事亦可憂也。）[45]當時明朝因為經濟動盪，民不聊生，有的揭竿起義，成為流賊，最著名者莫如李自成（一六〇六－一六四五）、張獻忠（一六〇六－一六四七），人數甚眾，為朝廷帶來極大的麻煩。更且關外的大金國同時相逼，大明朝廷單拳難敵四掌，苦苦支撐。[46]

接著是出乎意料的事件，正當金堉、李晚榮停留北京期間，皇太極已提兵十萬，再次攻打朝鮮，史稱「丙子胡亂」。一六三七年，朝鮮國王仁祖（一五九五－一六四九）最終不敵城外的敵軍，走出南漢山城，下跪投降。投降的條件極其單純而殘忍，朝鮮斷絕一切與大明的聯絡，去其年號，改奉大清正朔。此外，還需派遣國王的兒子前往大清，作為人質抵押。[47]當金堉得知此事，已是全盤底定之後，留給他的是無限悲鳴。當自己出使國外期間，母國遭到敵國侵入，國王受辱投降，並簽下喪權辱國的條約，還有甚麼比這更令人心痛。

45 金堉，《朝京日錄》，頁三二〇。此外，關於明朝晚期的氣候異常，請參閱卜正民（Timothy Brook）著，廖彥博譯，《掙扎的帝國：氣候、經濟、社會與探源南海的元明史》，〈第三章 九劫〉，頁九十七－九十九。

46 正是處於此種內外交迫的局勢，明朝方才滅亡，倘若面對單一敵人，明亡與否尚在未定之天。相關研究請參閱：李光濤，〈論建州與流賊相因亡明〉。

47 《朝鮮王朝實錄》，仁祖十五年一月二十八日，戊辰條。

最後的朝天之行竟如此終了，不論對明朝或朝鮮而言，都是悲慘不堪的結局。朝鮮與明朝相交二百餘年，淵遠流長，卻在尾聲同遭不幸，令人心痛不已。更令人感到絕望的是，朝鮮寄予無限希望的大明，未能在衰頹中奮起，而是持續低迷不振，直至滅亡。朝鮮使者目擊了時代的光明與黑暗，是幸與不幸，安排最熟悉中國的外邦人，參與這場世紀變局。

線性描述的末世預言

因為明朝於一六四四年滅亡，基於這客觀的歷史事實，史家遍尋文獻與史蹟，推導出最合理的論述，詮釋大明瓦解的來龍去脈。清代的歷史學家認為明朝的滅亡，必須歸咎萬曆皇帝的無能，明朝滅亡的起始點是萬曆朝，而非崇禎朝。[48]受此說法影響，或隱或顯，我們習慣「發現」那些有利於凸顯萬曆年間種種亂象的歷史證據，宣稱大明亡國合道，理所當然。

如果暫時擺脫「全知全能」、「預言式」的認知，重新檢視萬曆以降的明朝歷史，我們能否尋覓一絲絲「黑暗中的光明」？當時舉國惶惶，不可終日，直覺

48 關於這方面的討論，首推何冠彪，〈清朝官方的「明亡於萬曆」說〉。

亡國將近嗎？朝鮮人歷歷在目，聲言大明危在旦夕嗎？我寧可相信世間沒有先知的廁身之處，人們隨著生活背景與知識水平的差距，各有判斷事物的能處。前後矛盾、錯綜複雜的理解，才是常態分配的輿論環境。

萬曆皇帝是一位好皇帝嗎？受黃仁宇《萬曆十五年》影響，那位以「不上朝」聞名的皇帝實是「享譽中外」。比起今人，趙憲與許篈擁有更寶貴的機會，親眼一睹龍顏。趙憲就跪伏在萬曆帝面前，當皇帝親自發聲，宴請朝鮮使臣，在趙憲聽來，萬曆皇帝「為外人親降聖諭，玉質淵秀，金聲清暢，一聞沖音，感涕先零，太平萬歲之願，自此愈切。」[49]許篈同樣認為「天威甚邇，龍顏壯大，語聲鏗然，不勝歡欣之極。」[50]且參與朝會期間，深深感到「大一統之美」，[51]可見兩人對萬曆皇帝是一致的推崇。固然得以將讚譽歸功於實際主掌朝政的張居正（一五二五－一五八二），但朝鮮使者眼中的是萬曆皇帝，又非萬曆皇帝。對於這兩位從未履及中土的朝鮮人而言，皇帝是極其遙遠又具體存在的象徵，朝見萬曆帝的過程無異於驗證己身所思所學。他們見證的是萬曆時代的總和，是明朝最吸引

49 趙憲，《朝天日記》，頁二二三。
50 許篈，《朝天記》，頁二七五。
51 許篈，《朝天記》，頁二三九。

人之處，惟其透過皇帝呈現。

趙憲抵達會同館後，走進自己的房間，當他發現裏頭放置一套朝廷發放的棉被，他居然感念大明禮遇外國使節的恩德，堅持將棉被擺放原處，不敢使用。[52] 從今人的角度觀之，趙憲的決定頗令人忍俊不住；然而，缺乏同情地理解，無法感受他不使用棉被的動機與決心。正如同朝拜萬曆皇帝的感動，如果只是紙上的一行文字，那麼萬曆皇帝只能夠代表自己，無法象徵一個時代。

萬曆年間的官員，有的苛刻百姓，超收賦稅，冠以「貪吏」亦不為過。與此同時，一文不收，兩袖清風的清官亦並存於世。我們能找出支持陽明心學的明朝讀書人，也能傳喚堅決反對的朱子學擁護者。儘管關外砲聲隆隆，百姓卻堅信守城有方，生活一如往常，商人來往如織，毫無戰爭的急迫感。堆砌數十乃至上百則關於萬曆年間，官場腐敗、民不聊生的史料，只凸顯黑暗，卻忽略光明。

書寫在古代堪稱是貴族獨佔的技藝，因為紙張筆墨獲得不易，知識傳承掌握在少數人手中。萬曆年間正是出版業大放異彩的黃金時代，識字率提高，閱讀與書寫漸漸成為看得到、摸得著的社會資源，由此為史家留下近乎無限的寶

52 「館夫持衾褥來，衾則以綠文錦製之，褥一以紅文錦，用碧錦為中以製。又有重褥，置錦毯、棉枕。天朝之所以待我國者至矣，僭不敢居，捲而置之，止鋪毯也。」見趙憲，《朝天日記》，頁二一八。

藏。[53]學者珍惜每一則來自古代的情報，認真看待，以為這就是「目擊」，就是「真實」；卻往往過分集中某些現象，甚或為了凸顯「已知」的結果，將剩餘的「真實」棄之如敝屣。即使結局一樣，我們應該還能說些不一樣的故事吧？

回到一六三〇年，明朝滅亡前十四年，一位名叫鄭斗源（一五八一－一六四二）的朝鮮使者出使大明，在歸國後，他撰寫一份報告，準備呈交朝鮮國王。這一年明朝名將袁崇煥（一五八四－一六三〇）被崇禎皇帝處決，有人說明朝自廢長城，亡國自此始。鄭斗源的報告是這麼說的：「臣在本國時，或見自帝京還來者，問天朝事，甚可憂。臣行山東，數千里地居民妥帖。及到皇都，聞天子雄武，紀律嚴肅，兵精馬健，將相得人。」[54]一如金堉在校閱場所見的兵戎壯盛，均是朝鮮使者親眼目擊的真實，即使時已深秋，逼近亡國。沒有人能預期世界新聞的誕生，在金堉、李晚榮心急如焚地離開北京，踏上歸途後一年，一六三七年，宋應星不正盛讚當代是「聖明極盛之世」嗎？明朝就這麼滅亡了，夾雜著各種謠言與猜測，轟然崩塌，緊接著才是喧擾紛亂的蓋棺論定。

53 關於晚明出版業的歷史意義，尤其是出版門檻降低，以及商業出版蓬勃發展的文化現象，請參閱大木康，《明末江南の出版文化》。

54 鄭斗源，《朝天記地圖》，頁二〇六－二〇七。

第四章　清朝滅亡的隱喻：一棵等待盛開的枯木

那是貢道上一棵謎樣的樹。

當地人傳說，在女真人入主中原之後，這棵大樹隨即枯去；

倘若有一天，它重新開枝散葉，那便是真人出世，清朝將亡。

一七一二年，

當朝鮮使者閔鎮遠來到這棵樹旁，眼前已是綠葉成蔭。

閔鎮遠相信，這是清朝危在旦夕的徵兆。

而這年，是康熙五十一年。

他們仍在沒有中國的地方，尋找中國。

朝鮮使者口耳相傳，貢道必經的玉田縣（今河北省境內）一帶，聳立著一棵謎樣的枯樹。因著此樹的關係，當地稱為「枯樹站」。雖名為枯樹，卻又不是如此，至少康熙五十一年（一七一二）時，閔鎮遠（一六六四－一七三六）親自走近樹旁，眼前是綠葉成蔭的光景。附近的住民相信，女真人入主中原之後，這棵大樹立即凋謝枯去，成為「枯樹」。倘若有一天，重新開枝散葉，枝葉繁茂，則「真人當出，而真人出則當定鼎於此地。」[1]意思是說真命天子即將出世，而他將會在此建立霸業，一統天下。閔鎮遠回憶從漢城出發後的所見所聞，不由得同意謠言，認為布滿綠意的路樹，正是真人出世的信號，清國正危在旦夕。

一六三七年，清軍兵臨朝鮮，朝鮮國王仁祖（一五九五－一六四九）儘管在南漢山城奮力抵抗，最終仍不敵城外的重重鐵騎，出城投降。按照清國的規定，朝鮮此後不再使用大明年號，並與大明斷絕一切關係，甚至需派兵援助清國，侵略大明。一六三七年是一個別具意義的年份，宋應星（一五八七－一六六六）正讚嘆著這個「聖明極盛之世」，朝鮮使者鄭斗源（一五八一－一六四二）也認為大明：「天子雄武，紀律嚴肅，兵精馬健，將相得人。」從後見之明看來，兩人堪

1 閔鎮遠，《燕行錄》，頁八十二。

稱明朝末期的「樂觀派」；事實上不消幾年，一六四四年，大清朝廷入主中原，取明代之，成為中華之主。儘管朝鮮有再多的不甘，仍必須接受政治現實的安排，明朝已然逝去，清國成為新的宗主國。

一六四四年，歲在甲申，從當時大明讀書人的立場看來，這真是一場悲劇性的國變。皇帝殉國，蠻橫無理的「流賊」與被視為野蠻人的「胡虜」，相繼入主紫禁城，天下已不復大明所有。對於那些忠於大明朝廷的人而言，這真是「天崩地裂」的變局，世界在一夕之間改頭換面，頓時應驗孔子的左衽之憂。清朝人不僅衣著與明朝有別，髮式也一改舊俗，頒布「薙髮令」，俗諺云「留頭不留髮，留髮不留頭」，正是由此而來。

薙髮令在中國尤其是南方激起大規模民憤，今人或許難以理解何以至此，但稍一假設一群外國人主宰本國上下，宣布禁食豬肉，規定各行各業的衣著、髮式，即可知道人民奮起的原因並非懷念舊朝，而是深懼那改變既有生活型態的新國。因此，從遼東到北京，從北京到廣東、雲南、貴州，當地百姓或因為官方組織的抵抗，或為了保衛鄉里不受侵犯，或為了堅守社會價值，以性命為代價，與清軍鏖戰，保留尊嚴。這是戰火下殘酷的真實，也是易代之際令人不忍直視的故事。[2]

2 關於明末清初的研究，請參閱：魏斐德（Frederic Wakeman. Jr.），《洪業：滿清外來政權如何君臨中朝鮮得知崇禎皇帝（一六一一－一六四四）上吊自殺，明鼎已革，是事情發生一個多月後的事情。朝鮮朝廷收到清國來函，申明已掌控中國，並簡要地交代事件始末。朝鮮君臣的反應並不比大明讀書人小，根據記載，儘管兩國斷絕音訊已久，但一聽到此消息，「雖與臺下賤，莫不驚駭隕淚。」[3]所有人哭成一團，慌然失措，這一天同樣是令朝鮮人感到陰暗悔恨的一日。

朝鮮人是怎麼看待清國呢？尤其是延續外交慣例，向「中國」派出的使節團，如何在新的時代，審視中國，也端詳自己的樣貌。閔鎮遠走近枯木的瞬間，或許提供一個粗略的印象，他正等待著真人問世，推翻清國。那麼明朝呢？處於清國時空的朝鮮人，是怎麼想著明朝的？趙憲、許篈、金堉等人夾雜著憧憬、朝聖、鄙視、失望的大明，在滅亡之後又成為甚麼樣的存在？凡此皆是本章意欲申述的故事。[4]以下，我們將重歷清代朝鮮使臣的中國之旅，特別關注他們對於明朝的情感、對清國的描述，以理解枯木開枝繁茂的深意。

國》。顧誠，《南明史》。

3 《朝鮮王朝實錄》，仁祖二十二年五月七日，甲午條。

4 這方面的研究成果極為豐富，本文受此啓發甚多，以下主要參考：葛兆光，《想像異域：讀李朝朝鮮漢文燕行文獻札記》、孫衛國，《大明旗號與小中華意識——朝鮮王朝尊周思明問題研究（1697-1800）》二書，以及拙作《眷眷明朝：朝鮮士人的中國論述與文化心態（1600-1800）》。

從「朝天」到「燕行」

朝鮮讀書人對大明懷抱期待，「願見中華」之心促使他們參與前往北京的使行團。趙憲的日記名為《朝天日記》，許篈稱《朝天記》，從這種命名方式即可一窺朝鮮使者的想法。他們認為前往大明是朝見天朝，即使如前述所言，他們對中華上國感到失望，甚或起而批判，大體上仍同意大明是天朝，使行即朝天。相形之下，清代朝鮮人不再使用朝天一詞，即使偶一為之，意義也全然不同。簡而言之，「燕行」取代「朝天」，燕是北京的古稱，前往北京，燕行的意涵與朝天可謂天壤之別。

一六三七年，朝鮮臣服清國，與大明斷交，此後按例向大清朝廷派遣使節團。我們可以輕易地找出朝鮮官方恪守規章，依時履行此類外交義務的文獻，證明朝鮮絕無二心。朝鮮官方備妥禮品，揀選使臣，一如既往地處理使行事務，彷彿一切如舊。儘管制度延續，朝鮮滿足清朝的要求，然而在政治制度的表象下，清朝無法控制朝鮮讀書人的內心世界。我們應該注意朝鮮配合清朝的一面，也要思考他們拒絕妥協的一面，兩者相互矛盾，卻相生共存。

自一六四四年明朝滅亡後，朝鮮讀書人有的放棄科舉當官，自閉於家門；有的逃入深山，自絕於塵世，悼念此劇變。今人可能難以理解這些舉動的意義及影響，試想一位準備國家考試十數年，乃至數十年的讀書人，因為「外國」的政治變動，放棄一切，並願意讓自己以這樣的「姿態」度過餘生，這是多麼深刻的生命抉擇。當代少有人以自己的人生為代價，做出如此張力十足的「表態」。曾經有過這麼一個時代，朝鮮讀書人透過今日難以理解的舉止，宣洩他們的憤恨與哀愁。

許格（一六〇七－一六九〇）就是一個很典型的例子。許格為人正直有為，且文章頗出名，一六三七年他正好年滿三十歲，算是前途看漲的青壯年。許格風聞清軍圍朝鮮仁祖於南漢山城，急忙召集義兵，希望勤王護駕。不旋踵，仁祖南漢出降，戰事終了，許格知道消息後，痛哭失聲，賦詩曰：「君臣忍屈崇禎膝，父老爭含萬曆恩。」指責朝鮮君臣居然背叛崇禎皇帝，提醒朝鮮百姓可還記得萬曆皇帝的恩德？於是他自絕於世，終身堅持不看清國頒布的曆書，因為上頭已非大明年號。當他知道有人將出使清國，曾寫了一首詩送給使者，內容是：「天下有山吾已遯，域中無帝子誰朝？」意思簡單明瞭，中國沒有皇帝，你去朝見誰呢？在他心目中，愛新覺羅家族永遠不是中國皇帝。[5]

---

5 關於許格的生平主要參考金鍾厚撰寫的行狀。許格在得知朝鮮臣服後，奔上小白山，北望痛哭：「中宵起

朝鮮讀書人為「明」守節，自棄終身的故事，聽來或許令人詫異，但許格並不孤獨，甚至可以說，他並不是一個特例。鄭栻（一六八三－一七四六）出生時，距明朝滅亡將逾四十年，但他的行為一如許格，厭恨清國，「浮遊海嶽，以終其身」，墓碑上只願刻「大明處士鄭公之墓」，即使他去世時距明亡已一百零二年。僅以這兩位「大明處士」如何自處於世，即可明瞭朝鮮讀書人對清國的深惡痛絕，以及對大明的依戀不捨。我總覺得，明朝滅亡後，才真正在朝鮮存在。

不論願意與否，擔任使者是政治任命，是外交禮儀，是務必恪守遵行的任務。有的讀書人或許可以避免使行，仿效許格、鄭栻遊山玩水以遂己志，諷刺他人「域中無帝子誰朝」，有的卻無從選擇，只能踏上燕行之路。在這些使節心目中，一切已然不同，他們表示「此路朝天前日事，遺民思漢至今悲。」或是「今行非復朝天路，隨遇空為感舊吟。」[6]頗能道出時代巨變的感受，明明路是同一

視衆星繫，歷歷猶知北極尊。開闢從來幾宇宙，帝王今日各乾坤。君臣忍屈崇禎膝，父老爭含萬曆恩。青史莫論當世事，天無二日仲尼言。」自後廢舉子業，「常讀春秋以寓志，不觀胡清曆。」每當「語及皇朝事，淚如雨下。」見金鍾厚，《本庵集》，〈滄海處士許公行狀〉，頁五五四－五五六。值得注意的是三月十九日對明遺民同樣深具意義，如楊炤（一六一七－一六九二）的〈三月十九日〉云：「身是崇禎士，生在萬曆年。……故國能無念，今朝倍愴然。」見楊炤，《懷古堂詩選》，頁四十四－四十五。

6 這兩首詩轉引自張伯偉，〈名稱．文獻．方法——關於「燕行錄」研究的若干問題〉，收入《「燕行錄」研究論集》，頁六。

條，心理狀態卻已迥然有別。這就是從朝天到燕行，朝鮮使者去的是北京，不再是天朝。

大明衣冠

朝鮮在制度上學習大明，文化上仿效中華，仔細端詳他們的穿著，便一目了然。朝鮮官服的衣制一如明制，可以說是標準的「大明衣冠」。朝鮮讀書人對此的自豪溢於言表，衣著打扮不僅是物質性的存在，同時也承載一套文化。按大明的禮儀應對進退，同時搭配這身衣裳，才得以匹配「小中華」的稱譽。因此，清代《燕行錄》頻繁地紀錄各色人物的穿著，仔細到幾近繁瑣的程度，這必須考量到朝鮮人藉此凸顯自身「有文化」的心態。在大清宮廷上，朝鮮人事後的記述，揶揄諷刺蒙古人、俄羅斯人、越南人、臺灣原住民，著眼點常以衣著為題，道理正源於此。

明朝滅亡之後，朝鮮使者身上的大明衣冠，像是中國一道少有的風景，別具意義。清人入主中原後，改正朔，易服色，中國人的穿著、髮式不再沿用明朝制度。仰慕明朝、敵視清國的朝鮮人，身穿大明衣冠，履及遼東的貢道，步入北京的宮闕，不啻歷史安排的巨大諷刺。在中國大陸的土地上，思念明朝的人來自朝鮮，他們是最能表彰中華的外邦人。

一六四五年，清人入關的第二年，朝鮮派出使節團前往北京，正使是朝鮮仁祖的兒子李濬（一六二二－一六五八），書狀官是成以性（一五九九－一六六四）。這時統領大陸南方的大明勢力仍存，鼎革尚未結束，南北對抗仍持續不斷。大清朝廷曾於一六四四年頒行薙髮令，並申斥務必穿著本朝衣冠，後因阻力過大而收回成命。成以性一行人前往北京期間，恰逢清國官方第二次頒布薙髮令。當時訊息傳遞的管道不若今時，成以性在遼東仍發現「漢人男女，不改舊時衣冠。」[7]可見薙髮易服尚未嚴厲執行，漢人的打扮依舊，一如昔日。

這種情況很快發生改變，清國為貫徹薙髮令，不顧百姓起義抗爭，全力鎮壓，不再復見堅持穿著舊衣冠的人。短短四年，一六四八年，擔任書狀官的李惕然（一五九一－一六六三）行經瀋陽，曾有一段奇妙的遭遇。他發現漢人都被驅逐到瀋陽城外頭，於是路旁到處都是漢人。他們就這麼穿過人群，繼續使行任務，那些漢人就這麼看著朝鮮貢使。必須指出的是，朝鮮在貢道上行走時，官員均穿著正式服飾，也就是大明衣冠。當李惕然與同行朝鮮人雙眼對上漢人時，

[7] 成以性，《乙酉燕行日記》，頁六十七。

漢人舉起手，撫摸頭上光禿禿的部分，那被薙髮的地方，並露出感慨慚愧的表情。[8]

順治十三年（一六五六），李㴭再次出使中國時，某次剛離開紫禁城，使節因為參與朝參，必須穿著正式的朝服，同樣是大明衣冠。李㴭注意到市街上的平民百姓，看到朝鮮人經過時，發現他們穿的居然是明朝衣冠，有的人甚至落淚。[9]根據李㴭的經驗，「華人見東方衣冠，無不含淚，其情甚戚，相對慘憐。」[10]在李㴭的時代，中國百姓每見朝鮮貢使的服飾，無不動容落淚。

朝鮮士人自然是鄙夷清國官服的，朝鮮正祖（一七五二－一八〇〇）曾明白表示：「夷狄亂夏，四海腥羶，中土衣冠之倫，盡入於禽獸之域。」[11]意思是女真人禍亂中國，導致中國大陸由文明轉為野蠻，中華服飾的制度全都消失，成為野蠻人的樣子。朝鮮正祖的話聽來大義凜然，痛斥中原陸沉，這是朝鮮士人的共識，明代服飾象徵更高階的文明，然而意在言外的是，這已成為朝鮮獨有的文化

---

8 鄭昌順等編，《同文彙考．補編》，卷一，頁七。
9 李㴭，《燕途紀行》，頁九十七。
10 李㴭，《燕途紀行》，頁一四八。
11 《朝鮮王朝實錄》，正祖三年二月十四日，己巳條。

特權。

不過仍有人能穿戴大明衣冠，即使他不是朝鮮使節。朝鮮貢使發現北京城內，那些在戲台上登場的各色人物，當演出涉及前朝故事，允許穿著舊衣冠。乾隆四十三年（一七七八），李德懋（一七四一－一七九三）在北京聽戲曲時，注意到台上的角色各有裝扮，其中就有明式衣冠，不由得感嘆「禮失而求諸野，漢官威儀盡在戲子，若有王者起，必取法於此，可悲也。」[12]李德懋認為漢官威儀都在戲子身上，未來若有人推翻清國，必定在此重尋中華法度。他感嘆高高在上的中華制度，居然匿蹤於讀書人看不起的戲班身上，著實可悲可嘆。徐浩修（一七三六－一七九九）的意見與此相同，他表示：「今天下皆遵滿洲衣冠，而獨劇演猶存華制，後有王者必取法於此。」[13]同樣值得注意的是，即使明朝滅亡已逾百年，李德懋、徐浩修仍關注大明衣冠，並以此作為評價中國的依據，服飾的魅力與歷史意義，遠超今人的認知。

12 李德懋，《入燕記》，頁二三五。
13 徐浩修，《熱河紀遊》，收入《燕行錄全集》，冊五十一，頁四四一。

在沒有中國的地方尋找中國

既然清朝的文化不如明朝，則朝鮮使節的中國旅行，無異於一場「緬懷明朝」的盛大演出。他們一路上身著大明衣冠，沿途關注各式敏感的文化物品、歷史遺跡，在日記中不時自問「大明衣冠今何在？」清代朝鮮人的使行，像是對大明王朝的致敬，他們嘗試捕捉某種熟悉感，體會一個已然消逝的時代。朝鮮王子李㴭離開朝鮮前，途經平壤城，他還記得城中的「武烈祠」，也就是「壬辰東征唐將畫像處也」，[14]在那供奉著萬曆朝鮮之役期間，幾位曾征戰沙場的明軍將領的肖像，而這是當時的中國人已然遺忘的存在。

朝鮮使者關心明朝，不論是在一六四四年後，尚屬去久未遠的「新聞情報」，或是去古百年後的「歷史傳說」，明朝是話題，是前往清國的重要目的。一六四五年，成以性詢問一位名叫高美的漢人，說天下大亂，人為魚肉，有見識的高人，都逃奔何方？又問北京城陷落時，是否有忠於大明的人士，為明朝殉節。高美一一回答後，成以性又追問道：「君有如許文才，此後赴舉耶？」[15]試

---

14 李㴭，《燕途紀行》，頁三十三。

15 成以性，《乙酉燕行日記》，頁七十。

圖藉此探詢人心的歸向，是否中國人仍心懷大明，是否人心未死。這像是打聽情報，其實說的也是朝鮮人自己的故事，他們想要尋覓志同道合的人，證明吾道不孤，胡虜必無百年之運。

有時答案令人失望，高美只是沉默不語，選擇迴避問題。康熙六十年（一七二一），李宜顯（一六六九－一七四五）偶遇一位自稱明朝國公後代的漢人常玉琨，他表明祖上是常遇春（一三三〇－一三六九）的弟弟常維春。常遇春是明朝開國功臣，尤其以擊敗蒙古人著名，這在明清鼎革之後別具意義，李宜顯不禁問道：「你是明朝人子孫，獨無思舊之心耶？」玉琨只回了一句：「已順他人也。」[16] 李宜顯的表情想必比玉琨更加落寞。

不論是高美的沉默以對，或是常玉琨「已順他人」的自白，全都不是朝鮮人期待的答案。無怪乎姜浩溥（一六九〇－一七七八）認為漢人「全無思大明之意」，[17] 儘管途間與一位名叫程琠的漢人相識，姜浩溥卻無意與他稱兄道弟，理由是「嫌其薙髮胡服，恥與呼弟兄。」[18] 在姜浩溥眼中，薙髮胡服就是野蠻人，

16 李宜顯，《庚子燕行雜識》，頁一八七。
17 姜浩溥，《桑蓬錄》，收入《韓國漢文燕行文獻選編》，冊十四，頁一九三。
18 姜浩溥，《桑蓬錄》，收入《韓國漢文燕行文獻選編》，冊十四，頁二八四。

同時也是不思念明朝的人，因此不願深交。

不僅如此，初入境清國時，姜浩溥甚至不願意見上女真人一眼，並拒絕食用源自清國的食物。朝鮮使節團時常在沿路搭起火架，就地取材，做成簡易的餐點。姜浩溥自稱，在看過女真人的容貌之後，一股噁心想吐的感覺盤旋心頭，傍晚用餐時，發現烹飪使用的豬肉，雖然是隨行的朝鮮人調理，但來源是當地買來的豬肉，是「胡人之物」，於是嫌其汙穢而不願意食用。[19]

姜浩溥的感受曾是朝鮮使者的普遍反應，他們驚愕於中華國的子民不思念明朝，甘心臣服女真人、蒙古人。諷刺的是，這群以明朝子民自居的朝鮮人，如今卻同樣得拜倒在大清朝廷之下，行禮如儀。姜浩溥走進紫禁城的太和殿時，清楚記得此處在明代名為皇極殿，是明朝天子接見臣子之處。當他跪倒在地，低身匍匐，心裡感慨的是：「胡酋儼然坐其上已可憤慨，況我輩以皇明遺民，平日讀經傳、講義理，其自視與視彼也何如？而今迺甘心拜稽於下，俯昂今古，無地灑涕。」[20]顯而易見的是，姜浩溥以明朝子民自居，並對於朝見雍正皇帝（一六七八－一七三五）感到羞愧不堪。抱著這種念頭的人不止姜浩溥，一七三二年，韓

19 姜浩溥，《桑蓬錄》，收入《韓國漢文燕行文獻選編》，冊十四，頁八十一。

20 姜浩溥，《桑蓬錄》，收入《韓國漢文燕行文獻選編》，冊十五，頁九十一。

德厚（一六八〇－？）向皇帝行大禮時，不免感慨「以我衣冠禮容，屈膝於犬羊之庭，追念皇明盛時，感憤之懷，自難抑也。」[21]身著大明衣冠，撲倒在女真人的宮闕下，想必極不是滋味。

走進朝鮮使節的內心，就能稍微理解枯樹枝葉繁茂的意象，對他們而言別具深意，同時多少也能透析他們的言談與舉止，追問其動機與用心。李湝對武烈祠的描述看似隨筆帶過，在我看來其實是有意識的行為，與此類似的例子甚多。同樣在朝鮮境內，前往北京的貢道上，路旁有一座小館，李德懋記得此處是明朝使者來朝鮮的必經之地，朝鮮、明朝的官員在此賦詩唱和。館旁一棵長約一丈的松樹，下可容二十餘人依地而坐。令李德懋遺憾的是，越來越少人認識這株松樹，在明朝滅亡以後，「無人識此松」。[22]

清國派往朝鮮的使節，可能早已遺忘松樹的典故，朝鮮卻拼命想銘刻腦中。他們在中國境內移動時，多方注意各種與明朝有關的遺物，可能是一塊匾額，一座碑銘，一列牌坊。尤其遼東一帶是明清鼎革交火的熱戰區，朝鮮使者是唯一憑弔古戰場的遊人，藉此尋覓明朝的蹤跡。李宜顯曾巡禮山海關外松山、杏山等

21　韓德厚，《燕行日錄》，頁二四三。
22　李德懋，《入燕記》，頁二〇九。

處，他在附近找到一塊明代立的碑文，是萬曆皇帝為嘉獎遼東官員王盛宗、王平父子而立。他發現碑文中有二字遭到挖空，按上下文判斷，被去除的字應是「奴酋」二字。朝鮮使者或許是少數注意這塊碑銘的路人，也是發現明朝的用語遭到時代擠壓，漸漸消失的見證者。[23]

松山、杏山一帶至關重要，這是山海關外重要的防守據點。明朝將領洪承疇（一五九三－一六六五）曾與皇太極（一五九二－一六四三）在此對峙，爭奪這些城寨的主導權。這場名為松錦之戰的結局，清軍大獲全勝，洪承疇向清軍投降，此後成為明朝的敵手。一七二一年，李宜顯仍記得此處經歷的故事，他說皇太極得到「松杏之後仍長驅，席捲天下之勢，遂至於不可支。」[24]又有多少清國人行經此處，從這樣角度看待古戰場的歷史意義？

李宜顯對山海關外的堡壘情有獨鍾，因為這裡不僅是明清兩國的拉鋸場，也是朝鮮國的傷心地。皇太極攻打松山、杏山、錦州一帶，時在一六三九年，朝鮮已臣服清軍，有義務出兵協助大清朝廷的南下之行。朝鮮王子李渲站在松錦城下，憶及「清主徵吾東數千精砲，替戍四五年。」在此處與皇明中華鏖戰。李

23 李宜顯，《庚子燕行雜識》，頁一八八。
24 李宜顯，《庚子燕行雜識》，頁一八八。

㴭不禁感嘆「東方將卒縱怯清人威令，含羞赴敵。國家數百年養兵，未用於當用之時，反用於不當用之地。」[25] 朝鮮的養兵之功，居然付諸此地，用以對付大明，令思念大明的使臣心痛。李㴭眼前的杏山堡，滿目瘡痍，百姓蕭條，不知他是否感到一絲罪惡感？

孝宗北伐

朝鮮國不是沒有二心，也曾計畫反擊，消滅清國，最著名者莫過於朝鮮孝宗（一六一九—一六五九）的北伐雄心。朝鮮孝宗是仁祖之子，李㴭的哥哥，曾在瀋陽作為人質，以證明朝鮮有求和之心。在瀋陽作質的歲月，令孝宗更了解清國，卻沒能讓他欽慕大清朝廷。返國後，他召集各色以反清著稱的朝鮮讀書人，其中以宋時烈（一六〇七—一六八八）為代表，極力宣揚反清思想。

一六五九年，朝鮮孝宗召見宋時烈，屏退左右閒雜人等，向宋時烈表明：「今虜有必亡之形，前汗時，兄弟甚眾，人才亦多，而專尚武力；今也，兄弟死亡略盡，人物皆篤下，兵事漸弛，頗效中國法制，且虜主荒於酒色，其勢不久，此所

---

25 李㴭，《燕途紀行》，頁八十二。

謂必亡之形，予料之熟矣。天下事未可知，正宜無失其幾，故欲養精兵十萬人，俟釁而動，直抵關外，則中原豪傑必聞風而起，吾國子弟之為虜俘者，亦豈無為我內應乎？」[26]孝宗意圖準備精兵十萬，攻打清國，他深信清國敗象已露，且關內的中原豪傑必定響應義舉，大事可為。

孝宗北伐的雄心壯志沒能化為現實，他在同年死去，這股熱誠像是流星，轉眼即逝。即便如此，這顆流星閃耀的光芒，仍提醒無數朝鮮人，我們不僅思明，更且有顛覆清國之志，儘管那是一項未竟的志業。姜浩溥看著女真人絡繹於途，心中便想著，若孝宗北伐成功，這些野蠻人必定不容見於中國。即使他明知這「雖設意妄想，而頗若爽快矣。」[27]腦海中的幻想，也能令他心曠神怡。姜浩溥的自白直接了當，但就是這股豪氣相對於燕行的苦悶，道出朝鮮使者心底的糾結心緒。韓德厚感慨自己得跪拜於胡虜之廷，也很自然地想到孝宗北伐，稱譽「孝廟薪膽大志，昭乎日星。皇天假年，大計終成，則吾輩今日亦豈有此行。」[28]若孝宗北伐成功，今日何必燕行呢？

26 成海應等編，《尊周彙編》，卷五，〈皇朝紀年第五〉，頁四〇〇－四〇一。
27 姜浩溥，《桑蓬錄》，收入《韓國漢文燕行文獻選編》，冊十四，頁二〇二。
28 韓德厚，《燕行日錄》，頁一八六。

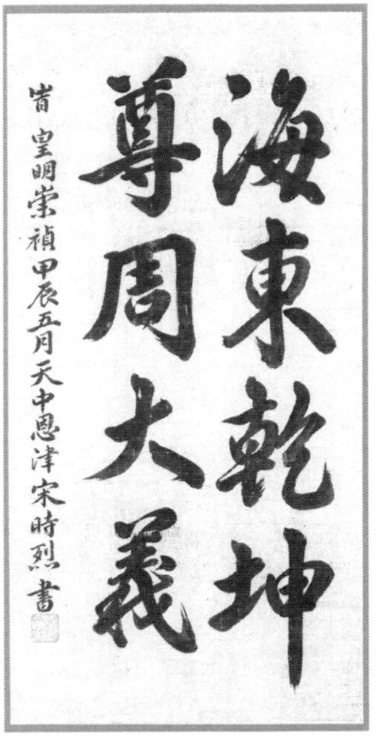

左：〈宋時烈肖像〉，宋時烈以提倡激烈的思明論述著名，他同時是朝鮮孝宗尊以為師的官員，可以說是思明的典範人物。
右：宋時烈的墨筆，「海東乾坤，尊周大義」，這八字像是濃縮了一個時代的精神。
兩圖現藏韓國國立中央博物館。

孝宗北伐的故事，一方面照映出朝鮮厭惡清國的面向，一方面也透露他們審視清國的心理狀態：危在旦夕。照理推斷，親眼目睹清國景況的朝鮮貢使，是朝鮮國內的中國專家，最明瞭中國實情。然而，細細品味朝鮮使者的「中國報告」，卻不若此想。如果說朝鮮使者對清朝初期的國勢判斷，受限於明清鼎革不久，人心不穩的現狀，加上後來三藩之亂的變動，難有準確的掌握。但有意思的是，被視為盛清時期的乾隆年間，卻也被朝鮮使者當作隨時必有大亂的危局。乾隆九年（一七四四），朝鮮英祖（一七二四－一七七六）詢問燕行使趙顯命（一六九〇－一七五二）清國實情，顯命居然回答：「外似昇平，內實蠱壞，以臣所見，不出數十年，天下必有大亂。」[29]認定中國不出幾年，必將大亂。乾隆年間出使中國的另一使者洪大容（一七三一－一七八三）也曾詢問清國讀書人：「聞說中國多災異，民心多動，未知實狀如何？」[30]因為野蠻人「胡虜」不諳中華文化，無法治理中國，自然民心多動，不出數十年，天下必有大亂。

按照這種認識，清國自然一無是處，沈念祖（一七三四－一七八三）燕行歸國後與朝鮮正祖曾有一次談話，當提及清國時，沈表示：「萬里中土，盡入腥羶。所尚者，城池、甲兵；所重者，浮屠、貨利。華夏文物，蕩然掃地，甚至大成殿廊，便作街童遊戲之場。簷廡荒頹，庭草蕪沒，而未見一介青衿之在傍守護，見

29 《朝鮮王朝實錄》，英祖十九年十月二十七日，丙子條。
30 洪大容、李德懋，《乾淨衕筆談．清脾錄》，頁四十七－四十八。

之，不覺於悒。」[31]在他眼中，清代中國專尚武力，重視佛教，熱衷營利，忽略文教，全然與中華上國的形象不同，中國已不是中國。

一開始是輕視大清朝廷的治理能力，接著是批判清國的一切，最終甚至連中國擅長的文學也遭到抨擊。韓德厚直言一路上認識的讀書人，通曉文字者並不多見，或有一二位擁有功名者，卻都「蠢蠢貿貿，無足與語。中華文物無地可尋，足令人釀涕也。」[32]中國讀書人無能，中國沒有半點中華文物，令朝鮮人失望透頂。更有甚者，朝鮮人認為滿洲人治下的漢人，已然忘卻老本行，導致「近來滿洲文學反勝於中華。」[33]

正是緣於孝宗北伐的典故，以及對女真人先入為主的偏見，朝鮮對清國不僅語多鄙夷，且難以正眼直視清國的實狀，做出合理的判斷。這是難以苛責的歷史情境，因為任何人都可能囿於己見、擁抱成見，甚而錯過真實，這是人性使然的結果。

31　《朝鮮王朝實錄》，正祖二年七月九日，丙申條。
32　韓德厚，《燕行日錄》，頁二〇七－二〇八。
33　徐浩修，《熱河紀遊》，收入《燕行錄全集》，冊五十一，頁二五九－二六〇。

尋根：萬曆皇帝與思明

尋找朝鮮思明的根源，很難忽略萬曆皇帝。這位在中國史上毀多於譽的太平天子，居然是朝鮮對明朝情感的重要標的，想必這是當時人們始料未及的事態。在明朝滅亡之前，因著壬辰倭亂的衛國之功，朝鮮上下莫不感恩戴德，將萬曆皇帝的恩德譽為「再造之恩」。一六四四年後，一部流傳甚廣的朝鮮私撰史書《尊周錄》其中一卷即專載此事，卷首明確地表示：「惟我神宗皇帝之眷恤我一方者至矣、盡矣。……，發天下之兵糧，拯一方之水火者，實千古所未有者，此我昭敬大王所以萬折必東之誠，而環東土含生之屬，亦莫不感慨想念，沒世不忘者也，於休盛哉！」[34]通篇感念萬曆皇帝的恩德，因為是他指揮天下兵馬，拯救朝鮮於危國邊緣。朝鮮社會一個世代一個世代接力，傳承這份永世不忘的想念。

萬曆皇帝是一個極佳的話題，在這個時代發生壬辰倭亂，明清動亂亦由此始，那些遭逢鼎革的明朝人、朝鮮人，大多生長於萬曆年間。誇張地界定，萬曆之後才是朝鮮與中國深切交往的開始，承先啟後，奠定入清後的心理狀態。如果

---

34 李泰壽、李壽彝，《尊周錄》，卷二，頁30a。

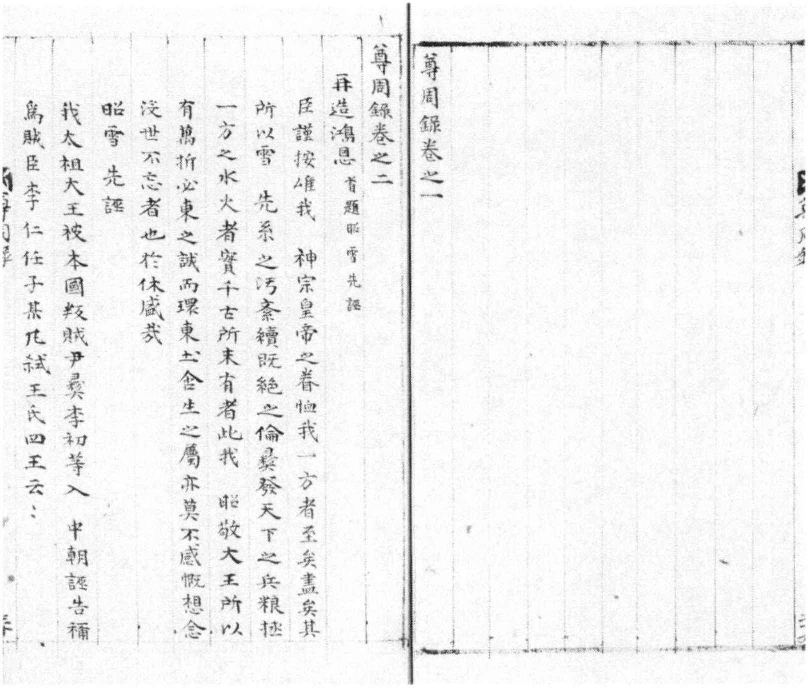
尊周錄卷之一

尊周錄卷之二
再造鴻恩 首題昭雪先誣
臣謹按惟我　神宗皇帝之眷恤我一方者至矣盡矣其
所以雪　先系之污紊續既絕之倫彝發天下之兵粮拯
一方之水火者實千古所未有者此我　昭敬大王所以
有萬折必東之誠而環東土含生之屬亦莫不感慨想念
沒世不忘者也於休盛哉
昭雪先誣
我太祖大王被本國叛賊尹彝李初等入　中朝誣告稱
爲賊臣李仁任子某乃弑王氏四王云云

《尊周錄》書影，來源係早稲田大学古典籍データベース。

沒有壬辰倭亂，朝鮮君臣是否會如此思念明朝，值得思量。

然而，歷史不能只有同情地理解，必須兼具批判的眼光。思念明朝的根源可能來自萬曆皇帝，尤其是壬辰倭亂，但朝鮮上下對萬曆帝的推崇不無疑義，部分必須歸諸歷史的浪漫。沈念祖向朝鮮正祖說孔廟的大成殿廊，成為孩童嬉戲之所，沒有見到甚麼人看守，揆諸清國崇儒尊孔的史實，自然是信以為真的謊言。

即便真如韓德厚所言，清國的孔廟荒蕪，儒風掃地，一無可取之處。我們也不應忘記，萬曆年間出使的許篈，不正批判國子監道：「師者倚席不講，為弟子者散處閭閻，祭酒、司業以驟陞大官為念，監生、歲貢以得添一命為榮。慢不知禮義廉恥之為何事。」[35] 萬曆十五年（一五八七），裴三益（一五三四－一五八八）也說國子監：「閭閻下賤闌入其中，聖廟卓上或有超乘踞坐者。所謂冠儒冠者皆貿貿無知，有欲得筆墨者，行囊纔解而爭乞不已，既或得之而猶求無厭，殊非所望於中華禮義相先之地也。」[36] 這副景象與清代朝鮮人恥笑的清國讀書人相距不遠。

沈念祖又說清國重視佛教，這對崇敬儒學的朝鮮而言，不啻異端邪說。沈念

35 許篈，《朝天記》，頁二六〇。

36 裴三益，《朝天錄》，頁三十八－三十九。

祖卻忘了許篈曾驚訝於明朝「最尚異教淫祀，每村必有一寺，或有三四者，謂之廟堂。」[37]許篈也承認北京城附近，各種寺廟、道觀所在多有，顛覆過往將大明視為中華文物禮樂集散地的想法。沈念祖的言論固然屬實，難道明代的朝鮮使臣公然撒謊？事實是人總選擇性地記憶，同時選擇性地遺忘，兩者都是真實，都是選擇性的真實。

從荒涼到繁華

花開花落本是天理循環，枯木又綠可能受氣候變遷影響，或是人為照顧有加，朝鮮使臣卻歸諸真命天子即將出世，推翻大清王朝。走筆至此，多少能夠體會閔鎮遠何以深信枯木預言，因為這為當下的忍辱負重找到宣洩出口，撫慰思念明朝的人，你還可以繼續等下去。今人看來荒謬的念頭，其實缺乏同情地理解，古人深信的執念，皆非無稽之談。

傳統中國的當權者看重「祥瑞」，也就是天候、物種的變異，他們相信種種天變物異的徵兆，是上天賜下的警訊或讚賞，皆具深意。雍正十年（一七三

37 許篈，《朝天記》，頁四八一。

二），韓德厚寓留北京使館期間，山東省鉅野縣一戶人家有牛隻產出麒麟，地方官府連忙作賀表，奉送雍正皇帝（一六七八－一七三五）。傳說麒麟為龍所產，是著名的祥瑞之獸，韓德厚卻不作此想，他認為「當此天地易位，華夏腥羶之時，不應有此。況牛生獜，災也，非祥也。」[38]明朝滅亡後，由非漢人的滿洲人統治中國，天地本上下各有定位，現已易位，倒轉顛覆，即世界不按原本的邏輯運作。因為天地易位，祥瑞不再是祥瑞，而是災異，是不祥之物。

朝鮮使節沿著貢道的各種歷史巡禮、感嘆，其時間之長久，堅持之頑固，令人嘖嘖稱奇。從一六四四年算起，姜浩溥堅持不吃豬肉的年頭是一七二七年，韓德厚不甘跪拜於大清朝廷下是一七三二年，他們出生時，均距明朝滅亡三十年以上。三十年說長不長，說短不短，兩人父執輩的世代都曾經歷過一六三七年的慘劇，目擊過明朝滅亡的瞬間，這還不是遠離他們的歷史，而是口耳相傳的故事。照理說燕行就是考驗所見所聞的試金石，流言蜚語至此都能戳破，真相將一一浮現。

他們見到甚麼？

38 韓德厚，《燕行日錄》，頁一三三二。

李濬親眼目睹無數無名屍匯聚而成的萬骨塚，這些都是被清軍屠殺的百姓。[39]姜浩溥途經高橋堡，此後百餘里之間是古戰場，也就是松錦杏一帶。姜浩溥抵達時已是一七二七年，他說當地仍「白骨纍纍於荒溪野草之間，冤氣鬱結不散，悽慘愁寂。」[40]此處遠離都市，連收屍之人都沒有。相較之下，韓德厚沒有提到白骨與無名屍，僅見「崩城敗壁，斷柳枯葦，一望蕭然」，[41]雖比白骨纍纍好，但斷垣殘壁與杳無人煙的荒野，帶來的也只是暮世的沉重氛圍。評斷朝鮮人思念明朝的文化現象前，不能忽略這些沿路的「風景」，這像是喚醒記憶的特殊裝置，重播明清鼎革的戰爭橋段，以及那段朝鮮身不由己的歷史。

當然，他們能看到更多。

姜浩溥抵達永平府時，稱讚此地「閭閻市肆極殷富，城郭樓臺亦宏壯。」[42]一進北京城，更是不得了，「市肆之繁華，人民之殷盛，自遼東而來所未見也。既入城，壯麗魁岸，生理豪富，物資委積，左右列肆亘十里於城之內外，炫目如畫

39 李濬，《燕途紀行》，頁一〇二。
40 姜浩溥，《桑蓬錄》，收入《韓國漢文燕行文獻選編》，冊十四，頁二〇三。
41 韓德厚，《燕行日錄》，頁一九九。
42 姜浩溥，《桑蓬錄》，收入《韓國漢文燕行文獻選編》，冊十四，頁三二四。

圖。」[43]真是「天下壯觀」！[44]遼東永平府已令姜浩溥驚奇，作為首都的北京自然是更上層樓，被這位思念明朝的過客寓為天下最壯觀的美景。

即使是悲情的戰場，也能尋出生機。乾隆五十五年（一七九〇），徐浩修在山海關一帶參觀古戰場時，雖然還能回想起明將戚繼光（一五二八－一五八八）、李成梁（一五二六－一六一五）等「抗虜」英雄，卻不由得承認「邊塵之不警已百餘年，見今田疇相連，雞犬相聞，晝行夜宿，毫無戒懼。三衛百戰之地，悉變為樂土，此歷代所不能得也。」[45]原本充滿血淚的回憶地，已經成為田連阡陌，雞犬相聞，一片和樂昇平，徐浩修更指出這是過去未曾出現的榮景。

纍纍白骨能夠被義士逐漸收拾乾淨，或堆疊於草叢間，腐朽於地下。殘破的宮闕與城池能夠修復，市肆街坊能夠重獲生機，百姓能夠耕種收成，一切重新開始。想像悲情是朝鮮使者的特色，他們的所見所遇有天造地設的安排，促使維持思念明朝的激情。同時也有參訪當時最繁榮城市的機會，親眼見證大清王朝鼎盛時期的偉業。我們應當注意朝鮮敵視清朝的一面，但同時還有另一面緊逼而來。

43 姜浩溥，《桑蓬錄》，收入《韓國漢文燕行文獻選編》，冊十四，頁四〇三。
44 姜浩溥，《桑蓬錄》，收入《韓國漢文燕行文獻選編》，冊十四，頁四〇九。
45 徐浩修，《熱河紀遊》，收入《燕行錄全集》，冊五十一，頁三八七－三八八。

他們還能看到更多更多，總有一天，一如李德懋感慨清國使者不識此松，朝鮮使者也將忘卻枯木開枝的意義。

第五章　燕行即世界：十八世紀的「中國襲來」

挾帶著大量的書籍布疋以及上乘的書畫金石與器物，
大量「中國製造」的產品，
顯示十八世紀的清國是一個文化、商業兼具的貿易大國，
向朝鮮強力輸出「中國」。

從漢城到北京這一條路，
不僅是政治文化的使節之路，更是商機無限的希望之路。

任邁（一七一一－一七七九）的肖像完成於一七七七年，即乾隆四十二年，朝鮮正祖（一七五二－一八〇〇）即位的第二年。這幅布局簡單，筆觸細緻清新的小像，出自朝鮮畫家韓廷來之手。關於任邁、韓廷來的文獻記載不多，然而圖畫中自有故事可尋。先看任邁頭上的「幅巾」以及「網巾」，這種穿戴方式其實源自明朝，是明代讀書人流行的裝扮。承續前章的討論，朝鮮人對明式衣冠的「習以為常」，其實隱隱支撐著「清國滅亡的隱喻」成長茁壯。畢竟，清朝厲行薙髮，臣民不需「網巾」整理頭髮，舉目所及的「差異」提醒著觀看者與被看者，他們身分有別。清國百姓不是朝鮮人理想中的「中國人」，可謂一目了然。

大明衣冠在朝鮮的普遍流傳，容易被塑造為感人的思明故事，他們因為愛戴明朝，矢志不渝，終身穿戴明式服裝。正如前章所言，明朝服飾不僅是物質性的存在，同時承載大明、朝鮮兩國的歷史，並體現朝鮮讀書人的思想文化。但是，這不是審視這幅贊像的唯一方式，我更傾向理解，這身打扮是朝鮮式的。朝鮮學習「中華」的生活方式與學術思想，諸多成果具體而微地以畫中的模樣呈現；將朝鮮理解為勉力吸收中華文化，並榮膺卓越成績的選手，實更為恰當。明代朝天使臣對天朝上國的猛烈批判，正凸顯朝鮮在這個名為「中華」的階梯上勇往直前，大明是競爭對手，而不是衡量文明強弱的全部。

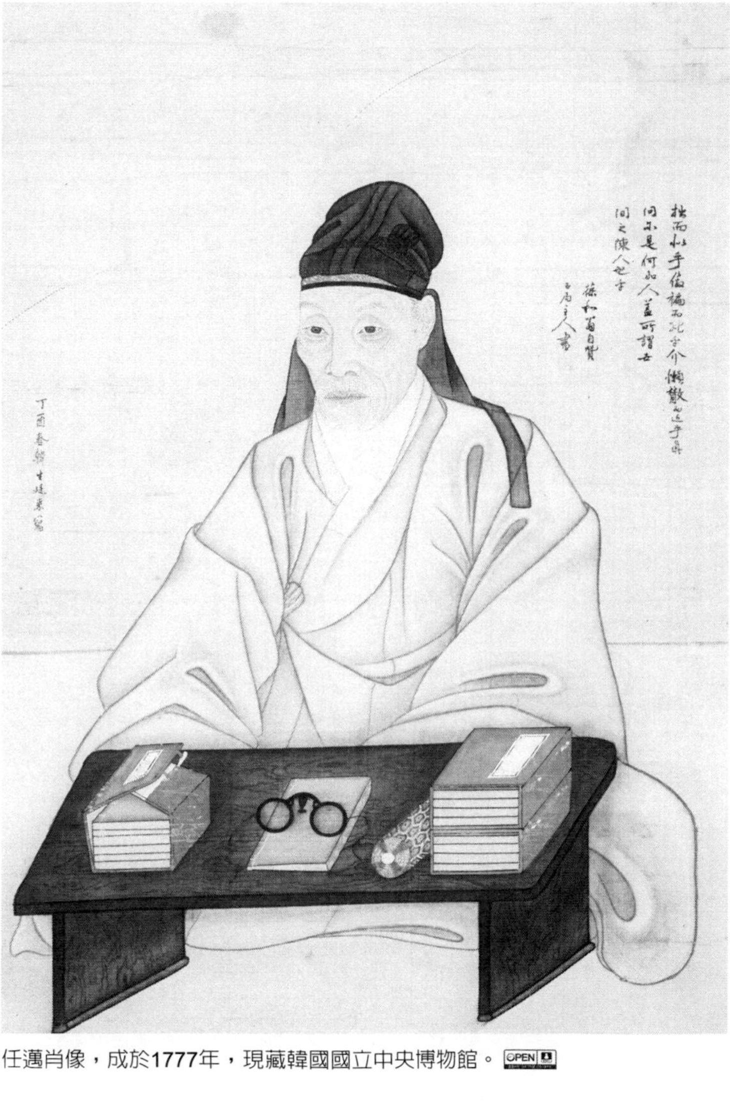

任邁肖像，成於1777年，現藏韓國國立中央博物館。

讓我們重新看待任邁的肖像，如果說幅巾、網巾、深衣，以及桌上的朝鮮書籍，均是名符其實的「朝鮮製造」，那麼有甚麼值得注意，可置於本章以「燕行即世界：十八世紀的『中國襲來』」為名的討論中？圖畫中唯一不出於朝鮮工匠之手者，或許唯有桌上那副眼鏡，它來自清代中國。畫中的眼鏡之所以引人注意，是因為這提醒我們，即使清朝滅亡的隱喻瀰漫士眾之間，即使將清國視為胡虜的輕視眾口一聲，「中國」宛若洪水猛獸，依然漫天而來。朝鮮燕行使與清國讀書人交流學問，觀察中國國情，帶回的是針對政治局勢、學術思想的文字報告；與此同時，各式貨物商品依隨人流，來回往復，出現在任邁的桌案上。

朝鮮使者基於「清國滅亡的隱喻」，以及思念明朝的種種情緒，對清代中國的觀察大多較為負面，這是理解赴京使行的重要面向，卻不是燕行的全部。本章意欲述說的故事是，儘管朝鮮使者心底仇視清國，沿路高唱思明悲歌，緬懷明帝明將的豐功偉業，仍無法阻擋「中國襲來」的既定現實。中國襲來指的不僅是清國商業繁榮、百姓富足的印象深入朝鮮人心，更囊括來自朝鮮底層、上層的各色人物，從「物流」、「技術」層面審視朝鮮人於清代中國的新發現。燕行即世界，意思不是前往中國就能看見世界，而是藉由出使北京，朝鮮貢使不斷地擴充對中國的認識，進一步在這個過程中重新理解自身的樣貌。

眷眷明朝，鄙視清朝，能夠徹底詮釋清代燕行使的歷史意義嗎？

不論朝鮮團的成員是有意為之，或是無意識地行為，連結清國、朝鮮的鎖鏈一日比一日更形堅固，並由此展開新一章的故事。

被遺忘的「使者」

朝鮮讀書人自幼研習中華學問，倘若能夠擔任使臣親眼目睹中原，實是極其幸運的經歷。如此說來，燕行被視為一生少有的壯行，是甚為合理的說法。事實上，目前為止在本書登場過的朝鮮使者，除卻戰爭時期的特殊狀況，大部分的使臣一生僅有一次機會，踏上前往中國的貢道。因為機會不多，朝鮮貢使才長篇累牘地紀錄所見所聞。倘若燕行是唾手可得的旅遊行程，相關文獻必定在數量與品質上大大改觀，可能篇幅短小得多，且內容不再如此詳實瑣碎。

然而，幸運之神確實曾憐顧幾位朝鮮使者，如李廷龜（一五六四－一六三五）四次出使明朝，前述提及的魚叔權更自豪於七次赴燕。[1]此類飽讀詩書的文人士大夫，具備優異的書寫能力，為今人留下寶貴珍稀的見聞，在當時這是第一

1　魚叔權，《稗官雜記》，頁六十一。

手的中國情報，他們儼然是中國問題的專家。

這種評價自有道理，但視野不免狹隘，容易令人直觀地將他們理解為使節團的全體，忽略其他成員。根據康熙五十一年（一七一二）閔鎮遠（一六六四－一七三二）的日記，使節團的成員共二百二十五人，[2]「三大人」正使、副使、書狀官，以及負責行政庶務的隨行人員約三十人，其餘的僕役一百九十餘人才是主體。事實上使行中的譯官、通事出身不比兩班，唯出自中人之家，也是常被忽略的成員。

閱讀朝鮮燕行使的文獻，需要具備兩隻眼睛，一隻緊盯使者的一舉一動，一隻觀照馬夫、僕役的言行舉止。換句話說，我們既要端詳思想文化如何在中國、朝鮮間流動，也要注意貨物商品透過哪些管道，走進任邁的居所。兩者構成聯繫中朝之間的一股力量，一顯一隱，相互作用。將目光轉移至這些「下人」身上，有助揭露更多使者的故事。

---

2 閔鎮遠，《燕行錄》，〈行中座目〉，頁十八。

富貴險中求

崇禎九年（一六三六），最後的朝天使李晚榮（一六〇四－一六七二）在啟程前發生一件趣事。當時已是明末深秋，遼東貢道已絕，盡付女真人之手，於是使節團不得已改從海路朝天。明末這段海路的不平靜，從李晚榮的自嘲即可略窺一二。他自稱因為海象險惡，船隻翻覆的消息不斷，時人皆以為奉使赴燕是「必死之地」。李晚榮接受使命時，距離科舉上榜僅八個月，正式受命當官也不過四個月。他的親友聽到消息，皆認為李晚榮一輩子勤奮讀書，卻落得此等下場，真是悲戚。

然而，並不是每個人都與李晚榮的親戚一樣悲觀，許多人可是稱羨不已。按照慣例，書狀官可以選拔軍官、奴子各一人隨行赴燕，職責除照應李晚榮外，無非養顧馬匹，或在馬前引導而已。李晚榮家無壯丁，也沒有相熟的朋友能夠擔任軍官伴行，一時頗為苦惱。某日下班返家，李晚榮發現書案上有一包裹，起初以為是小孩子的衣服，嘗試用手移開，不料份量頗重，以致無法舉起。打開一看，發現裏頭居然有白銀一百二十兩，布疋二十匹。這是一筆賄款，買一個危險的機會。

原來是一位朱姓人家願意擔任奴子隨行，希望藉白金彩布買通李晚榮。朱姓人家相信前往大明，購買中國商品回鄉轉售，能夠賺進「千金之產」。最終，李晚榮沒有接受這筆意外之財，反而拒之門外。朱姓不禁感慨，肯定是他人已提供更好的價碼。[3]李晚榮特意寫下這段故事，用心不外乎是澄清自身清白，並藉此嘲諷當時的風氣。值得注意的是，不論是朱姓人家所說的「千金之產」，或是許姓友人開玩笑道：「真利窟」，均可見不乏勇士不畏艱難，也要一去燕京。

朱姓人家以白銀、布疋合計約二百兩的價格，預計能夠獲致千金，意即數倍的收益，可謂暴利。李晚榮的趣事開啟另一種燕行故事，即使在最危機的時刻，仍有人不顧性命安危，也要拚死一搏，印證富貴險中求的俗諺，吸引無數人神往力行。從這樣的角度思考，燕行其實是一個巨大的商機，或說是龐大的商購團體，例行來回於中朝之間。如此說來，李廷龜、魚叔權數次出使中國的經驗自然無足道哉，因為更頻繁地來往北京的朝鮮「使者」大有人在，他們是甘願為奴的「下人」，擔任軍官的「商賈」，以及居中聯繫的「譯官」，他們是被遺忘的中國專家。

---

3 這段故事見李晚榮，《崇禎丙子朝天錄》，〈崇禎丙子朝天錄序〉。

李晚榮與朱姓人家所理解的中國，各自呈現不同的面貌，前者畏懼無奈，後者慕利而行。朝鮮使節團看待燕行一途存在歧見，有的將此視為事大朝天，有的只是當作利窟營生。李晚榮的經驗不是罕見的個案，即使放諸清代中國，照樣可行；尤其在歌舞昇平的乾隆年間，更大大拉開兩者的差距。讀者需要同時把握這兩種眼光，才能更具體地理解赴京使行的意義。本文以下將注意力放到乾隆年間，透過二位朝鮮使者的眼睛，重新體會兩種視野的落差，及箇中意義。

中國製造

乾隆四十五年（一七八〇），乾隆皇帝（一七一一－一七九九）準備盛大慶祝七十大壽。朝鮮方面也籌組使節團，赴京慶賀，擔任正使的是朴明源（一七二五－一七九〇）。明源的堂弟朴趾源（一七三七－一八〇五）正值壯年，早有一見中國之志，於是以子弟軍官的身分隨行。朴趾源是不世出的天才，當時雖然年僅四十三歲，但已是享譽朝鮮上下的知名人物。他年輕時，心思不在書本上，後來才發憤力學，三年不出門，博覽群書，精通古代經典，以及軍事、農學、錢糧雜穀等學問，更通曉天文地理。年約三十歲左右，朝鮮的青年才俊如李德懋（一七四一－一七九三）、柳得恭（一七四八－一八〇七）、朴齊家（一七五〇－一八一八）、李書九（一七五四－一八二五），皆仰慕他的才華，拜入門下。[4]

朴趾源與傳統印象中的讀書人不同，注重實際有用的學問，務實不務虛。他同時是韓國歷史上頗具分量的文學家，文筆甚佳，擅長小說。因著此些條件，他眼光獨到，敘事細膩，為今人提供一份與眾不同的燕行文獻《熱河日記》。朴趾源花費不少篇幅描述僕役、馬夫、譯官沿途的作為，這是許多使者沒能注意到的環節。例如來自嘉山（現朝鮮民主主義人民共和國平安北道博川郡內）的得龍，嘉山靠近中朝邊界，得天獨厚，不少居民靠中朝貿易營生。地處交界，有時中國人會越界而來，或是在中國內亂之際，逃奔朝鮮，據說得龍的祖父就是向一位明朝遺民學習漢語，自此得龍一脈傳承此技藝。

得龍自十四歲開始出入北京，因著家學淵源，他是使節團中最擅漢語者，行程大小事務，都離不開他。朝鮮官方對得龍既重用又提防，每次使節團啟程之前，必先「安置」其家屬，防止出逃他國，由此可見他多麼能幹。時至一七八〇年，朴趾源等人出行時，得龍已參與燕行四十餘年，但他出身貧寒，無法參加科

4 關於朴趾源的生平，主要參考李應翼撰寫的〈本傳〉，收入《燕巖集》，以及朱瑞平撰寫的〈點校說明〉，收入其點校的《熱河日記》。

考，身分始終停留在「馬頭」一職，即管理馬伕的頭人。[5]得龍是本章著眼人物之典型，他擅長漢語，結交不少清國友人，其中有的甚至是官員；另一方面他身分低下，缺乏書寫的能力與條件，長期潛伏在朝鮮燕行使的歷史中。

得龍不是少數，他只是特別突出的一位「下人」，其他如宣川（現朝鮮民主主義人民共和國平安北道宣川郡）的戴宗，也已赴京六七次。[6]這些邊地居民是使節團的熟面孔，來往兩地習以為常，對他們來說這是人生，沒有太多政治、思想上的深意。赴燕既是為公家辦事，替使節團工作，更實際的原因，與賄賂李晚榮的用心如出一轍：獲致千金之產。朴趾源指出，當使節團接近中朝邊界的柵門時，團中的馬頭、譯官熱情地與當地的清國人握手問候。清國人會關心他們沿途是否平安、天氣狀況、何時啟程，甚至慰問家裡人的身體健康，可見交情匪淺。

這些人與得龍、戴宗一樣，都是義州人，年年出使中國，在朴趾源眼中，他們「習知燕中事」。清國人稱呼他們的方式與朝鮮人不同，在使節團的體系中，得龍是一名馬頭，身分與出身兩班的朴趾源根本難以相提並論。但在清國人眼中不是這麼一回事，他們通常稱得龍為「相公」，即對商人的尊稱。按照慣例，朝

5 朴趾源，《熱河日記》，頁七－八、一三〇－一三一。
6 朴趾源，《熱河日記》，頁十四。

鮮使者能夠自備白銀，沿路貿易，有的讀書人無法支應這筆款項，於是將自己攜帶白銀的「額度」轉售給感興趣的商賈。這些商賈的念頭與朱姓人家一致，或可以說他們就是同路人。身處松都（現開城）、平壤的商賈雖然出資買下額度，卻大多無意親身赴燕貿易，於是委由馬頭、譯官操作。這是一片由利益編織而成的網絡，使節團的成員均參與其中。

由此可知，朴趾源形容此等人「視燕如門庭，與燕市裨販連腸互肚，兇發低仰都在其手」，[7]當不為過。根據朴趾源所計，一行所備白銀不下十萬兩，[8]通計十年則為百萬兩，這在清代中國是一筆極為可觀的財富。令朴趾源感到遺憾的是，這批財富大多輕擲於清國的商鋪中。例如三家位處「中後所」（今遼寧省綏中縣）的帽鋪，他表示這三家商號各有三、五十間廠房，工人不下百人，專門生產朝鮮百姓喜愛的毛帽。使節團經過此地時，先向商家下訂，回程取貨，行之有年。這三家商號囊括全朝鮮的毛帽生意，朴趾源稱「我國所著毳帽皆出此中」，

7 朴趾源，《熱河日記》，頁九。

8 參照清朝官員的薪水，即可知道十萬之數的重量。根據乾隆朝刊行的《欽定大清會典則例》，〈戶部，俸餉上，在京文武各官俸祿〉的記載，「在京文武各官俸祿，正、從一品銀一百八十兩」。一位正一品的官員，年俸僅一百八十兩，可見十萬之巨。

這是中國襲來的一部份，專為朝鮮人客製化的中國製造。[9]

第一壯觀

我們也能從一七八〇年的使行挖掘不同的故事，他們像是站在得龍、戴宗的對立面，一個中國，各自表述。朴趾源出生於一七三七年，距明朝滅亡將逾百年，出使時更是遠距一百三十六年。在《熱河日記》開篇第一段，朴趾源特別聲明為何紀錄年歲的單位是「三庚子」。眾所周知，傳統中國以「年號」紀錄時間，耳熟能詳的萬曆、康熙、乾隆，都是當時朝廷頒布的年號。《熱河日記》以三庚子紀年隱含深意，代表在他的私人作品中，不願意使用清國年號「乾隆」。

通常將崇禎皇帝朱由檢（一六一一－一六四四）視為明朝的末代皇帝，三庚子的意思即「崇禎紀元後三庚子」，崇禎紀年之後第三個庚子年。古人以天干地支紀年，天干是「甲、乙、內、丁、戊、己、庚、辛、壬、癸」，地支是「子、丑、寅、卯、辰、巳、午、未、申、酉、戌、亥」，兩者輪流相互搭配。學界習以「甲申之變」指一六四四年明朝滅亡，肇因崇禎十七年是「甲申年」。

9　朴趾源，《熱河日記》，頁八十－八十一。

在朴趾源等朝鮮讀書人心目中，明朝滅而不亡，朝鮮國劃鴨綠江為界「獨守先王（明朝）之制度，是明明室猶存於鴨水以東也。雖力不足以攘除戎狄、肅清中原，以光復先王之舊，然皆能尊崇禎以存中國也。」[10] 三庚子是延續明朝紀年的權宜之計，宣示朴趾源的思明立場。

朴趾源曾詢問隨行奴子張福，是否願意生在中國，張福答道：「中國，胡也，小人不願。」[11] 居然連一位朝鮮下人也以文明上國目視中國，倘若清國人得知此事，不知做何感想。張福說得直接了當，格外真實，如他這般心思的人並不少見。尤其是朝鮮讀書人，少有機會奉使赴京，往往只能透過返鄉的朝鮮使者，得知中國實情。朴趾源形容無緣燕行的朝鮮人，一見使臣必定問道：「你在中國看到最壯觀的景色，是甚麼？」答案各異其趣，有人云遼東一望無際的原野，有人醉心山海關、盧溝橋等建築，有人愛書成癡，直言北京書肆琉璃廠的盛況。然而，同時也有朝鮮人表示：「都無可觀」，在中國沒令人驚豔的景色，全都不足一觀。

中國都無可觀，意有所指。此類人認為清國皇帝、官員均薙髮胡服，即使功

10 朴趾源，《熱河日記》，頁一。
11 朴趾源，《熱河日記》，頁十。

德直追夏、商、周三代盛世，富強比擬秦、漢兩朝，仍無法抵銷薙髮的負面影響。他們強調「一薙髮則胡虜也，胡虜則犬羊也。吾於犬羊也何觀焉？」即使追思明朝的風氣歷經百年，朴趾源筆下那些眷戀明朝的朝鮮人，仍銘記壬辰年萬曆皇帝（一五六三－一六二〇）發兵平定倭亂的恩德，「東民之踵頂毛髮，莫非再造之恩也」。這是「清國滅亡的隱喻」的兩種面向，思念明朝，不忘再造之恩；敵視清國，渴望「為中國復仇」。聽來難以置信，然而一六四四年以降，信奉尊周攘夷論的朝鮮讀書人，「磊落相望，百年如一日，可謂盛矣。」[12]他們與得龍、戴宗並存於使節團中，親歷同一個中國。

消失的清單

思念明朝的朝鮮人沿途遊覽名勝古蹟，在北京城參拜清國皇帝，步入琉璃廠結交市肆裏頭的商販或讀書人，一切目的皆是尋訪故國。在他們眼中，馬頭、譯官是操縱使團貿易的「小人」，填飽自身的荷包，卻致使國家蒙受損失。然而，大規模地輸入中國商品的關鍵人物，不能歸於這些具備書寫能力的使者，只需攤

12 這一段均引用自《熱河日記》，頁六十－八十一。

開他們一路上的物品清單，即可知道貿易不是他們的首要任務。此類朝鮮讀書人關心的，不外乎是書籍、繪畫、古玩、金石，富有文人氣息的文化商品。他們少數提及的「俗物」是沿途餽贈中國官員的物品清單，以及中國官方賜與的禮品，當時稱為「下程」。

使節團啟程前，按例會備妥沿路發放的禮物。對象下至低層士兵、護行將官，上至北京的中央官僚，各色紛呈。[13] 至於下程，即清國招待朝鮮使者的各種食物、草料、備品，根據《通文館志》的說法，「順治以後，戶部供糧料，工部供柴炭、馬草、器皿，光祿寺供各樣饌物。」[14] 禮品大抵是朝鮮紙、扇子、銀粧刀、靴子，具備在地風味的土物。下程則是圍繞著柴米油鹽醬醋茶打轉，主要是在北京居所的生活必需品。綜觀這些物品，不僅與前述所及的毛帽、眼鏡相去甚遠，更且容易令人產生一種幻覺，這些是使行貿易的主角，朝鮮使者的貿易之旅，不外乎此。

上述兩種清單自然不能等同於使行貿易，我們有理由相信得龍、戴宗有一份交易明細，內載每次經手的貨物清單。然而，管見所及，乾隆年間的燕行文獻沒

13 禮單除常見於《燕行錄》，另可參閱《通文館志》，卷三，〈沿路各處禮單〉，頁一八八－一九七。

14 《通文館志》，卷三，〈入京下程〉，頁一六五－一六八。

能留下類似的紀錄，畢竟得龍、戴宗不是文人士大夫，得以出版個人的文集、筆記；這些帳簿很快地消亡，像是一陣風吹過，轉瞬即逝。姑且將此類隱蔽於歷史的文字紀錄稱為「消失的清單」，儘管依照推論理應存在，卻因為種種原因尚未問世。這是研究歷史的浪漫之處，總會缺失那麼一張關鍵照片，無可奈何，但不是毫無辦法。

事實上，我們仍能透過間接的手段，拼湊清單的細目。還記得位於中後所的三家帽鋪，朴趾源表示朝鮮國內的帽子，為此三家商店壟斷。這三家店舖聘僱百餘人，連日趕工，想必產量驚人，光是運回朝鮮就是一趟苦差事。帽子顯然是重要的貿易商品，是清單中遺失的一項。旁敲側擊，還能夠翻找更多未知的空白。乾隆五十二年（一七八七），朝鮮方面主管邊境事務，以及調控朝貢貿易的部門「備邊司」提交一份目錄，名為「齎去事目」，載明使團成員務必遵守的注意事項。除了預料內的規定，諸如避免洩漏國家機密、聽從長官指示，等等陳腔濫調，其中幾點值得注意，如禁止購買有奇巧花紋的布疋，或是攜帶人蔘前往中國轉售。[15]

15 這份齎去事目出自《朝鮮王朝實錄》，正祖十一年十月十日，甲辰條。

人蔘不僅是珍稀的藥材，同時也因為售價高昂，能夠替代貨幣，在中國民間交易。朝鮮官方明令禁止使者攜帶人蔘，理由極為簡單，擔心的是重要物資外流，更別說朝鮮國內早已不敷使用。贈送人蔘能夠展現朝鮮的國力，準備給日本的外交禮物，人蔘扮演要角，這不是貨物，而是關乎國家戰略的重要物資。[16]令人訝異的是織有紋樣的布疋，居然同樣列為禁物。想必朝鮮向中國進口的紋布，數量驚人，否則在清代中國，布疋既與白銀不同，不是流通貨幣的大宗，也不涉及國安問題，除非貿易狀況已惡劣到官方需要介入，否則主管機關少有相關議論。

禁紋，禁奢，禁中國貨物

朝鮮對中國的貿易獲利，確實每況愈下，嚴重影響到內部安定。明萬曆年間，白銀大量流入中國，結果是通用貨幣一準白銀，甚至向官方納稅同樣使用白銀。這種情形延續到清代，沒有太大的改變。朝鮮本來不使用白銀，卻因為參與使行貿易，身不由己地捲入這股白銀漩渦。任邁肖像中的深衣估計是在朝鮮剪裁縫紉，但我推論布料與眼鏡一樣，更可能來自中國。朝鮮、清國的貿易中，布

16 關於朝鮮王朝管控人蔘，以及與日本的外交關係，請參閱山本進，《大清帝国と朝鮮経済—開発・貨幣・信用—》，〈第三章　平安道江界府における蔘政〉、〈第四章　北辺充実政策の展開〉。

疋是大宗，其次是各種「中國製造」的商品，俗稱「唐物」。自康熙年間，朝鮮政府間有議論，管制向中國購買紋樣布疋的數量，即所謂的「禁紋令」。使用這種樣式華美，質地輕柔的布疋，在當時被視為僭越身分、奢侈的行為，更重要的是，這是國家級的經濟問題。

白銀、布疋兩相搭配，引發一場朝鮮的財政風暴。當朴趾源看見三家帽店時，他考慮的是「以千年不壞之銀，易三冬弊棄之帽；以采山有限之物，輸一往不返之地，何其不思之甚也！」[17]朝鮮人用千年不壞的白銀，換來三年即壞的毛帽，朴趾源認為是極為不智的行為。朴趾源的好友洪大容（一七三一－一七八三）也注意到這個問題，他直言「我們以有用之銀子，買京裏無用的雜貨，豈不可笑。」[18]當時朝鮮受限於開採技術，以及蘊藏量的問題，兩人均擔心白銀外流，將引起經濟問題。這種憂慮不是無的放矢，因為在朴趾源的時代，中國襲來是進行式，中國貨物正鋪天蓋地而來。

如果走進任邁的居所，不僅止於他依身坐下的書案旁，我們還能發現更多來自中國的商品。朝鮮官員韓用鐸（一七五九－一八一七）曾向朝鮮正祖反應，

17 朴趾源，《熱河日記》，頁八十一。
18 洪大容，《湛軒燕記》，頁二六四。

朝鮮士人的書齋，「筆硯爐罐之類，陳列左右者，無非唐物」，[19]慣用的文房四寶，以及陳列左右的文物，全都是中國製造。朝鮮讀書人不是唯一愛用中國貨品的少數，商業的力量能夠穿透階級與智識，敲打每一戶的門窗，不知不覺走上餐桌與書房。

使行團的馬頭、譯官，間有混入其中的商賈，他們的目標不全是高檔貨品。書畫金石自然能夠兜售高價，畢竟是小眾的生意。得龍此等人的眼光更遠大，他們放眼全國，想做朝鮮境內的大買賣。稍稍翻閱幾則禁紋令的規範，即可知道他們做了甚麼。一開始只是富貴人家熱衷唐物，禁令的對象是朝臣、命婦。後來連平民百姓亦起而效尤，大婚之日的服飾，必以華麗紋樣的布疋織成，日常使用的器物也不離中國製造，「全國習俗不貴土產，必貴華物」，可見中國襲來的威力。[20]

19 《朝鮮王朝實錄》，正祖十八年七月二十二日，丁未條。

20 關於這部分的討論，主要參考張存武，《清韓宗藩貿易》，頁七十一—七十八。此外，必須指出的是，這種狀況自明代晚期就曾出現，《朝鮮王朝實錄》在嘉靖年間有如下紀錄：「近來諸宮、權貴之家，爭貿華物，非特為服飾之用，亦以牟利，有同商賈。」顯然這裡指的華物，也是布疋。出自《朝鮮王朝實錄》，明宗十二年一月二十三號，丁丑條。

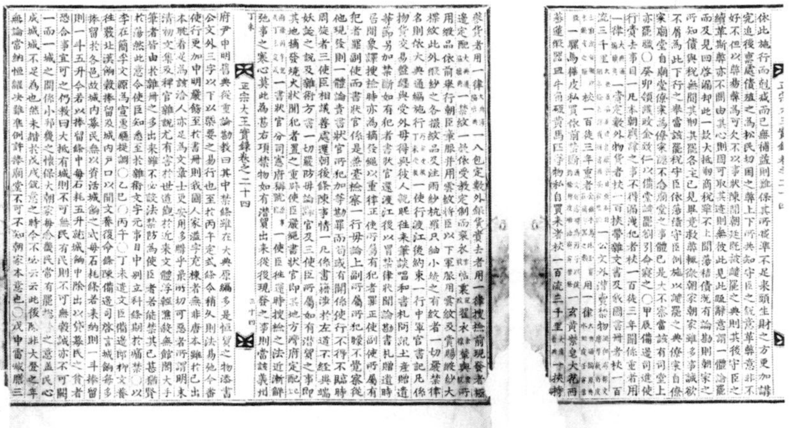

《朝鮮王朝實錄》中關於禁奢的規定。（閱讀次序：由右至左；出處：《朝鮮王朝實錄》）

禁紋、禁奢的命令通行全國，始終沒能起到預期的作用。這必須考量到兩點，一是朝鮮使節團的管理階層，這群以文才見長的燕行使者，自始至終對於親身干預使行貿易，並不熱衷，他們似乎也無意藉此牟利。可能受到儒家經典薰陶使然，對於商業事務缺乏興趣與相關知識。由此，貿易的空間盡掌馬頭、譯官以及隨行的商賈等人手中，他們才是主導貿易的要角。政府可以嚴厲管制，但朝廷遠在天邊，總有辦法可尋。禁紋令一度規定若有違反者，譯官、商賈梟首示眾，但仍止不住貨物傾銷的狂潮。

另一個無法禁絕的原因是，中

國已經針對朝鮮，發展出一套客製化的商業模式。中國生產的毛帽只是冰山一角，洪大容指出，赴京使行期間，不論是公開或私下的貿易，曾一度由中國的鄭姓、黃姓兩家族壟斷。其中鄭姓尤其豪富，當家鄭世泰熟習朝鮮客人的品味，召來工匠，按照朝鮮風格製作，並大量生產，壓低價格，得以獨攬生意。[21]朝鮮對中國的經濟依賴，看似蒙受損害的是朝鮮，然而營利的一方也依存著這條貿易打造的血管，維繫生命。接待朴趾源的民宅主人，就明白表示：「若非貴國使行時，都沒了生涯。」[22]不論情願與否，兩國已然搭上同艘船。

北學中國

透過朴趾源的眼睛，能夠發掘赴京使行的兩個面向，一是聚焦在奉命出使的官員、軍官身上，對中國內外情勢的暗查，以及學術風向的探尋，是其特色，也是職責所在。一是關注使節團的另一主體，本是服務使者的馬頭、譯官，有時商賈也涉入其中。身分各異的兩股人馬，一路並行，他們著眼的目的不盡相同。如前章所示，在明朝滅亡之後，朝鮮讀書人不認同愛新覺羅家族是中國皇帝，反而

21 洪大容，《湛軒燕記》，頁一一四－一一六。
22 朴趾源，《熱河日記》，頁二十一。

將之視為胡虜夷狄，禍亂中華，搶奪聖器的盜賊。他們不甘心奉清正朔，私下沿用崇禎紀年，沿途高歌明室的豐功偉業，感嘆世風日下，大明衣冠今何在。

相形之下，使行團中容易被忽視的馬頭、譯官、商賈，卻沒有太多意識形態的包袱。根據朴趾源、洪大容的見聞，這些人熟知中國情事，年年往來北京，並操持使行貿易。其中如朝鮮民人得龍，自十四歲開始赴燕，一七八〇年時已逾四十餘年，是燕行使不可或缺的重要角色。得龍與清國百姓交好，被禮稱一句「老爺」，但在朝鮮使者眼中，他只是馬頭，是個下人。得龍、戴宗等馬頭、譯官，與清國商人、官員稱兄道弟，原因是赴燕是生活的一部分，而不是實踐人文學術的政治使命。朴趾源的獨到之處，在於他注意到兩股人群的流動，提醒讀者密切注意，「中國」的矛盾與複雜。

研究中朝關係的學者，莫不稱譽朴趾源的《熱河日記》，原因正是他不僅能夠運用細膩生動的筆觸，描繪中國的人文風景，同時巧妙地提出質疑：這樣是正確的嗎？

顯而易見的是，朴趾源對於現狀極其不滿，他書寫中國，但述說更多的，其實是朝鮮自己。他兼具兩種眼光，輪番審視中國。一方面朴趾源能夠體會思念明朝的情緒，與朝鮮讀書人共鳴；同時精通「俗務」，關心對於民生有利的器物科技。這是一種新的觀點，協助他重新發現中國。朴趾源初入柵門不久，尚屬清國東陲，與瀋陽、北京的繁華難以相提並論。然而他很快注意到，即使在如此貧困的地域，民宅卻乾淨整潔，木柴堆放得法，令他眼睛為之一亮。[23]此外，他還發現中國的建物大都用磚，於是沿途關心民人如何燒磚、造窯，他稱讚中國的磚頭「齊勻方正，力省功倍」。[24]並認為清國載物用大車、獨輪車，形制輕便省力，感嘆「中國之貨財殷富，不滯一方，流行貿遷，皆用車之利也」。[25]

朴趾源不是第一位注意到燒磚、車制的朝鮮使節，但可以說是觀察最為全面，且影響甚鉅的重要角色。《熱河日記》關於朝鮮讀書人討論中國「壯觀」景色的部分，詳述朝鮮人如何正氣凜然地宣稱「都無可觀」，認為清國不是中國，根本不值一提。朴趾源稱此等人是「上士」，是將為中國復仇雪恥視為職志的朝鮮士人。諷刺的是，他這位「下士」的種種言說，今日卻聽來格外有力，二百三十七年後，令人肅然起敬。朴趾源表示：「余下士也，曰壯觀在瓦礫，曰壯觀在

23 朴趾源，《熱河日記》，頁十二。
24 朴趾源，《熱河日記》，頁十九。
25 朴趾源，《熱河日記》，頁六十五。

糞壤」。[26]他認為中國令人印象深刻的是瓦礫磚頭，是處理糞便的城市規劃，這才是國家偉大的原因。

朴趾源深知朝鮮士夫思明仇清，但他強調「為天下者，苟利於民而厚於國，雖其法之或出於夷狄，固將取而則之。」[27]他對待清國的態度也有所不同，即使《熱河日記》開篇仍用崇禎紀年，申明朝鮮讀書人能夠獨守明朝制度，保存「中國」於鴨水之東。他也願意承認「萬方共尊一帝，天地是大清，日月是乾隆。」[28]或云：「今清之御宇纔四世，而莫不文武壽考，升平百年，四海寧謐，此漢、唐之所無也。」[29]將清國視為中華正統，且推崇備至。

從鄙視到直視，「中國」在朴趾源的世代，應時而出，重新被發現。朴趾源主張向清國學習，只要有利於百姓，即使取法的對象是眾所輕視的女真人，他也將盡力模仿吸收。觸動朴趾源思慮的來源，將在下一章詳述，必須指出的是，十八世紀大量中國貨物充斥朝鮮，是一個必須慎重考慮的因素。朝鮮熱衷唐物，價

26 朴趾源，《熱河日記》，頁六十一。
27 朴趾源，《熱河日記》，頁六十一。
28 朴趾源，《熱河日記》，頁一四六。
29 朴趾源，《熱河日記》，頁一〇一。

格低廉只是原因之一，質量上乘的書畫金石、日用器物，乃至任邁桌上的眼鏡，在在揭示朝鮮習用「中國製造」，是因為無可取代。挾帶著大量的書籍、布疋，清國儼然是一個文化、商業兼具的貿易大國，向朝鮮強力輸出「中國」。朴趾源對中國的改觀，進而提倡學習中國，從漢城到北京，沿路物質照映出的光景，是挑戰思明的最強衝擊。

朴趾源、洪大容等朝鮮讀書人，在歷史上被稱為「北學派」。他們引用《孟子・滕文公上》：「陳良，楚產也，悅周公、仲尼之道，北學於中國。」根據這個典故，強調要北學中國，一改思念明朝，磊落相望，百年如一日的風氣。這是兩種朝鮮使者共同演奏的序曲，像是中國襲來的旋風，混亂而有序地前行。

第六章　朝鮮人的「中國史難題」：中華？朝鮮？

一六三七年，許格奔上小白山，為明朝痛哭。
那是朝鮮的同聲一哭。

明清鼎革之後，身著明朝衣冠的，唯有朝鮮。
然而曾幾何時，朝鮮也已踏上歸途，走上尋找自身歷史的道路。

畢竟輾轉曲折，燕行使終將返鄉。
他們曾經看見中國，也從中國看見了世界，
這一刻，他們必須回望自身。

名為「明朝」的流行病肆行朝鮮上下，他們著迷於陳述皇明中華的歷史，追逐過去，即使明亡已越百年。朝鮮讀書人深信「胡虜無百年之運」，清國危在旦夕。他們像是中華文化的繼承者，獨自守護明朝文化於鴨水之東，高舉明室的旗幟，證明中國不亡。

那麼，這一切是如何結束？時至今日，難以想見朝鮮半島上的居民，懷慕明朝，甚至是中國。萬曆皇帝（一五六三－一六二〇）、萬曆朝鮮之役，以及在朝鮮的思明故事，已然遠離人們的視界，隱身於古籍文獻中。如果有一個時代，他的名字叫作「思明」，相較其興起的熾熱，曲終人散的尾聲，更值得細細品嘗。

歷史的動力是甚麼？回顧朝鮮那段思念明朝的歷史，或許是最值得探討的問題。在我眼中，構成歷史的不僅是政治、經濟的宏大結構，亦非唯思想精英的知識宣傳；有時候，需要一點巧合與偶然，需要大勢的鋪陳與人為的介入。最終，創造歷史的是人，再怎麼微不足道的人類，都可能推動歷史的巨輪，這是研究者的浪漫，也是人之為人的價值。

為眷眷明朝畫下休止符的人，絕非一位熱愛清國的朝鮮人，故事的主人翁對明朝滿懷熱情與敬意。然而，故事就這麼發生了，一七六五年，一位名叫洪大容（一七三一－一七八三）的朝鮮讀書人，踏上燕行之路。他在中國的經歷像是傳奇故事，又像是時勢必然的結果。

本章旨在闡述洪大容與中國儒生的故事，與此同時，藉由洪大容在北京的趣事，尋覓時代變遷的線索。我們能夠從十八世紀的朝鮮社會，發現諸多思念明朝的證據，例如使用崇禎、萬曆年號銘刻年歲，例如終身不見胡清曆，例如認定中華必將再起。這是個矛盾且交錯的時代，我們必須細細體察各種聲音，才能描繪思明的樣貌。

以下，將從一個偶然的相遇談起。一位孤獨的朝鮮人，跋山涉水，他在中國結識此生至交，這是文化交流史的佳話，也是劃時代的歷史事件。

一副眼鏡

乾隆三十一年（一七六六）正月二十六日，朝鮮使臣李基聖[1]在北京琉璃廠閒逛。偶然間，他注意到二位路人所戴的眼鏡，不假思索地上前攀談，希望能夠以高價入手。肇因他熟識的親友，眼力衰退，渴求一副眼鏡。李基聖擔心在北京會遭人訛詐，買不到真品，於是出此策。當下想必是一陣慌亂，因為他不解漢

1 文獻亦有作「李基成」，本文依照日本學者夫馬進的說法，李基成應是洪大容的筆誤。請參閱洪大容著，夫馬進譯注，《乾淨筆譚1》，頁一七六。

語，連忙索來粗紙，沾上幾重墨色，寫下來意。

突如其來的這樁買賣沒能嚇著中國人，兩人均來自杭州，名叫嚴誠（一七三二－一七六七）、潘庭筠（一七四二－？）。嚴誠相當大氣，即使李基聖表明願意以「多金」相易，他仍不經考慮地立即摘下眼鏡，脫手贈之。他寫道：「求於君者，想是與我同病者也。吾何愛一鏡？何用言賣？」沒有多說甚麼，就這麼轉身離開。反倒是李基聖愣住，赫然發現自己舉動魯莽，就這麼無償收下一副眼鏡，不知如何是好。他連忙追上嚴誠、潘庭筠，說道之前是戲言，請收回眼鏡。這下嚴、潘二人倒是不悅起來，認為眼鏡不過是件小東西，何必如此。最終，李基聖略問兩人姓名、來歷，揣著一副眼鏡回到使館。[2]

願見天下奇士

李基聖的奇遇引起其他朝鮮使臣注意，當時一位名叫洪大容的子弟軍官正在使節團中，他隔山渡海而來，目的正是結識中國奇士，嚴誠的灑脫令他讚賞不已。子弟軍官是個閒差，名義上是見習軍事，其實就是觀光中國。洪大容在國

2 這一段參考了兩份文獻：朱文藻編，《日下題襟合集》，頁四五七。洪大容、李德懋著，鄺健行點校，《乾淨衕筆談．清脾錄》，頁二。

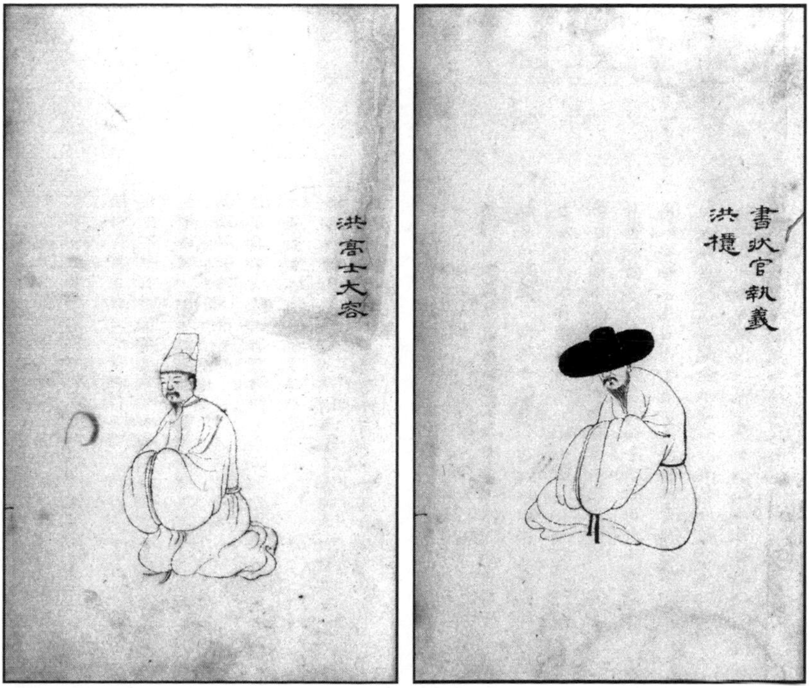

洪大容（左）、洪檍（右）（《日下題襟合集》，來源：《北京大學圖書館藏朝鮮版漢籍善本萃編》）

內沒有甚麼知己好友，前往清國純粹是想見識中原的風光，與「天下奇士」成為朋友。[3]洪大容的心願並不尋常，按前面幾章所述，朝鮮知識人無不渴望皇明復起，驅逐滿洲。換句話說，朝鮮使者的中國旅行，是一場緬懷明朝的盛大演出，認識清國讀書人絕非出行的目的。

洪大容，字德保，號湛軒，是南陽望族，祖上不少人歷任朝廷要職，是典型的兩班家族。一七六五年，他的叔父洪檍（一七二二－一八〇九）受命擔任書狀官，參與是年的朝鮮使節團。理解洪大容的性格，需要從兩個面向思考，一是他受傳統儒學薰陶，博覽群書，嚴誠也稱譽他「中國之書，無不遍讀」。[4]洪大容信服朱子學，極其虔誠，這造就他性格內斂克制，不苟言笑，且終身不作詩，以追求學問為職志。

然而，這位出身南陽士族的洪德保，儘管年逾三十，仍不願意當官，甘心一介白衣。除卻儒學典籍之外，他耗費精力於天文、曆算，甚至在自宅製作天文儀器以「觀天」。洪大容的另一面是科學、實學，這些被傳統士大夫視為末流、旁支的學問，是他關心的重點。因此著實能夠體會，何以他沒有甚麼知心好友。身

---

3 洪大容、李德懋著，鄺健行點校，《乾淨衕筆談．清脾錄》，頁九、十三。

4 朱文藻編，《日下題襟合集》，頁四六二一。

旁的兩班子弟早早入仕朝廷，而他鎮日「在家觀天」，想必招惹不少議論。本就壓抑克制的性情，由此添增一絲傲氣與不甘。他似乎不是汲汲營營於宣揚理念的人，只是隱忍不發，同時又渴望被理解；矛盾是把握洪大容的主軸，這也令他成為充滿魅力的人物。[5]

有別於一般朝鮮士人，洪大容在行前積極準備，他自稱「宿有一遊之志，略見譯語諸書，習其語有年矣。」顯然燕行不是一時衝動，而是長期準備。然而，在家看書學語言，終究隔一層。進入中國後，洪大容「雖尋常行語，全未解聽」，幸好他在國內已打下基礎，沿途不斷尋覓機會練習漢語，至北京時，「音韶益熟」，熟練很多。[6]我認為良好的語言條件，是洪大容與中國人交流的潤滑劑，這免去部分將口說轉成筆談的時間差，令雙方互動更為緊密。

天涯知己

李基聖不是一個薄情寡義的人，他始終將嚴誠、潘庭筠放在心上。當時贈送

5 夫馬進也認為洪大容頗具魅力，因其人格特質，方才有這段天涯知己的緣分。見洪大容著，夫馬進譯注，《乾淨筆譚1》，頁二五一。

6 洪大容，《湛軒燕記》，頁二四二一。

文具、墨寶是文人雅尚，李基聖可能自身的物品將用罄，於是向洪大容商討一些，作為禮物送給嚴、潘。經過幾日訪查，李基聖確定二人的住處，遂帶著這些禮物前去拜訪。他滿載而歸，嚴、潘雖接受禮物，卻也回贈不少。李基聖盛讚二位中國人的才華，向洪大容建議，此二人「必有過人才學，切勿錯過」。[7]洪大容素有一見天下奇士的抱負，受李基聖的鼓吹，又見他帶來二人準備科舉的文筆，頗精練巧妙，引起他的興趣，於是決定偕同李基聖，以及同感興趣的金在行（一七二二－一七八九）[8]前去拜會。

這是一場與眾不同的相會，限於篇幅無法詳細交代雙方筆談的內容。簡要地總結，朝鮮人洪大容、金在行，與中國人嚴誠、潘庭筠等人的交流，處處表露真情。限於門禁，朝鮮使者難以私自外出，更別說是過夜；然而洪大容積極地安排，希望能夠徹夜筆談，竟日方休。他們是真心渴望見面，為的只是聊天。談論的內容多不勝數，從辯證儒學經典的正確與否，到相互鼓勵雙方的人品德行，間

7 洪大容、李德懋著，鄺健行點校，《乾淨衕筆談．清脾錄》，頁四。

8 金在行，字平仲，號養虛，出身安東金氏，庶子。關於其生卒年，夫馬進根據《安東金氏大同譜》，認為是一七一八－一七八九。但按《日下題襟集》所記，以及幾人約為兄弟，蓋依年歲排輩，嚴誠應不至犯此錯誤。嚴誠表示兩人相交時，金在行年四十五，是年一七六六年，故生年準以一七二二年，特此說明。關於夫馬進的辨析，請參閱洪大容著，夫馬進譯注，《乾淨筆譚1》，頁一七七－一七八。

或一兩則趣談軼事，逗得眾人哈哈大笑，就像是多年未見的朋友一般真誠。

很難如實還原雙方交往的情景，嚴誠說「金、洪二君頻來寓舍，每談竟日」，雙方「對席操管，落紙如飛」，往往一次筆談就「盡七、八紙，或十餘紙」，嚴誠形容「相見歡然如舊識」，[9]想必筆談得很是暢快。他們不是日日見面筆談，大多倚靠信件保持通話，金在行返回使節館後，向嚴誠寫道：「歸來耿耿，達宵不能寐」，[10]洪大容說得更真切，「悄坐孤館，寸心如割，夜則就枕合眼。闇闇之中，忽

金在行（《日下題襟合集》，來源：《北京大學圖書館藏朝鮮版漢籍善本萃編》）

9　朱文藻編，《日下題襟合集》，頁四六一－四六二。
10　朱文藻編，《日下題襟合集》，頁四七八。

若二兄在坐談笑不覺，蹶然醒來，殆達朝不能成睡。」[11]洪大容甚至夢想「來世同生一國，為弟為兄，為師為友，以卒此未了之緣。」[12]約定來世同生一國，完成這段未了情緣。

天下沒有不散的宴席，離別前夕潘庭筠感傷落淚，金在行曾表示「天下最苦之情，莫如別離」，[13]看來當真如此。或許是久逢知己的喜悅來得又快又猛，離別顯得加倍痛苦，洪大容曾感慨地說「終歸一別，不如初不相逢」，嚴誠附和道「造物者亦何苦撥弄此終身不再見之人」，[14]今人似乎已然遺忘這種情感，與君一別，不再相會。然而在我心中，有一種友情叫作洪大容、嚴誠。

千里之遙未能阻隔友情延續，連年進京的朝鮮使節團總有熟人在列，協助投遞幾封直抵杭州的信函，雙方並沒有斷了音訊。洪大容等人返國後，嚴誠始終去信不斷，他思念著朝鮮友人，稱「恨雲山萬里，不能與知己共相切劘」，[15]相思像是病，纏繞嚴誠的身心，一七六七年致洪大容的書信中，他表示「訣別以來，

11 朱文藻編，《日下題襟合集》，頁四九七。
12 朱文藻編，《日下題襟合集》，頁四九八。
13 朱文藻編，《日下題襟合集》，頁四七九。
14 朱文藻編，《日下題襟合集》，頁四八九。
15 朱文藻編，《日下題襟合集》，頁四八五。

每一念及，肝腸崩摧」，[16]這真是令人為之動容的友情。洪大容也未曾忘卻嚴誠、潘庭筠，但已然相隔千里，只能寫道「種種悲歡，殆若一場夢事」，[17]這像是一場夢，而現在是夢醒時分。

一七六六年在北京的偶遇，間接牽起嚴誠、洪大容的友情，至死不渝。在離世前夕，嚴誠招來好友朱文藻（一七三七－一八〇六），當時嚴誠已是將死之人，他躺平床上，口舌不再靈活，手指顫抖，呼吸不順，只留著最後一口氣。嚴誠勉強地從床被中拿出洪大容寄給他的信件，要朱文藻讀給他聽。他聽著聽著，不由自主地流下淚來，然後將信件拿到眼前，嗅幾抹墨香，這是嚴誠死前的畫面，他或許覺得洪大容就在身旁，隨他一同逝去吧！[18]

嚴誠的死訊是天大的噩耗，洪大容悲憤不已，在寫給嚴誠父親的信中，自承「五內崩裂，悠悠蒼天，此何忍哉！山海隔遠，面訴無日」。[19]時間的魔法沒能消磨友情的深固，在一個沒有即時通訊軟體，交友社群匱乏的時空，曾有人如此珍

16 朱文藻編，《日下題襟合集》，頁五五三。
17 朱文藻編，《日下題襟合集》，頁五二一。
18 這段描述主要根據朱文藻編，《日下題襟合集》，頁四四六－四四七。
19 洪大容，《湛軒書．外集》，卷一，〈與嚴老伯書〉，頁一一七。

惜朋友，成全一段佳話。然而，對我們而言，拉開與洪大容的距離，才能理解此事的歷史意義，以及諸多巧妙之處。洪大容與嚴誠等人的友誼，越顯真摯，越凸顯時移世易，朝鮮歷史正準備翻開新頁。

因友情而起的論戰

暫時抽離嚴誠與洪大容的交誼，才能在更大的敘事下，重新領略其深意。雙方交往之真摯不悔，著實令人太息再三。深究天涯知己的故事，關鍵僅止一處，就是雙方以兄弟相稱，成為至交。洪大容明言「天地為一大父母，同胞何間於華夷。」[20] 意思是以天地為父母，你我均是同胞，何必以「華夷」分別彼此？這句看來豁達開朗的告白，已然越過朝鮮知識圈的底線，因為如前面幾章所述，朝鮮人眼中的清朝是夷狄，華夷作為分別「我者」、「他者」的分析概念，怎麼可能不重要呢？我們不應忘記，朴趾源問奴僕張福，是否願意生在清國，他可是直言：「中國，胡也，小人不願」。[21] 就連一位下人，都深受華夷觀念影響。

燕行歸國後，將自身的見聞出版，在朝鮮知識圈極其流行。洪大容似乎也有

20 朱文藻編，《日下題襟合集》，頁五二一。
21 朴趾源，《熱河日記》，頁十。

此打算，他慢慢整理筆談的草稿，希望能夠結冊問世。但是，洪大容眼中的「美談」，很快地成為朝鮮讀書人攻訐的對象。寓居北京時，洪大容向嚴誠等人稱道一位朋友金鍾厚（一七二一－一七八〇），說他「功課精篤，見識通敏，文詞亦高妙，時望甚重」，[22]歸國後卻是最嚴厲的斥責者。

相較於洪大容對中國友人的敬重，金鍾厚動輒使用「剃頭舉子」指稱嚴誠等人，其鄙夷之情可見一斑。金鍾厚驚訝洪大容居然對「夷狄」無所不語，甚且稱兄道弟。在金鍾厚眼中，這些人應試清廷科舉，就是服膺清國主權的人，就是忘卻明朝與中國文化的叛徒。即使洪大容的答書如何辯駁，終歸一句，金鍾厚「寧甘為東夷之賤，而不願為彼之貴也！」[23]他寧願當朝鮮的「夷」，也不想與清國有任何干係。洪大容身處的社會，評論這份友情的嚴苛，道盡朝鮮對思明的堅持。

朝鮮讀書人對洪大容的責難頗多，可歸納為三點：（一）清國人就是夷狄，洪大容與他們稱兄道弟，絕對不可。（二）清國人筆談間，毫無思念明朝的意思，而且應試科舉，就是夷狄。（三）洪大容與他們筆談時，竟然使用清國年號，而不是用崇禎、萬曆紀年，是對明朝的大不敬。此時是一七六六年，明朝滅

22 洪大容、李德懋，《乾淨衕筆談．清脾錄》，頁七十。
23 金鍾厚，《本庵集》，卷三，〈答洪德保〉，頁二八一。

亡後一百二十二年，朝鮮社會似乎仍停留在一六四四年。洪大容的故事是極佳的切入點，提醒我們一七六六年的朝鮮，時間走得多麼快，又像是從未撥動過。

本文無意介入雙方的爭吵，定調誰是誰非，只想提醒讀者，這場因友情而起的論戰，揭示朝鮮知識圈深信「清國＝夷狄」的論述，這種觀點風行草偃，上下莫不臣服。洪大容與嚴誠的交往是對此最嚴正的挑戰，洪大容曾向嚴誠提及「吾輩稱兄弟事，此間士友或有非之者。」[24]但他從未退縮，始終堅守立場，這益發凸顯，朝鮮人心正在波動。為了捕捉這一刻的錯綜複雜，必須暫時將視角聚焦朝鮮國內，略述朝鮮知識圈對思念明朝的努力與業績，進而探討其終結。以下，本文將述說燕行使者家鄉的故事，明乎此，才能理解發生於北京的歷史事件，何以如此重要。

思明時代

朝鮮使者喜歡探問中國儒生「明朝故事」，他們仔細端詳清國人的表情，想要知道這些中國人，是否著實忘掉「中國」了。原因格外弔詭，這些信仰明朝的

24 朱文藻編，《日下題襟合集》，頁五四六。

朝鮮人，似乎是要驗證自己的信仰才是真確無誤，他們在清代中國尋訪明朝故事，說的是自己，最後思念明朝的外邦人。答案總令人感到沮喪，朝鮮使者閔鼎重（一六二八－一六九二）向一位中國秀才請教明朝歷史，對方回道「不便言前朝事，亦不敢盡述。」[25]另一位朝鮮貢使吳道一（一六四五－一七〇三）認識雲南人朱秀，請教吳三桂（一六一二－一六七八）起兵的始末，朱的回應居然是「自有萬世公論，今不必煩問，亦不敢煩說。」[26]與明朝有關的歷史，像是公開的忌諱，無人敢申論。

相形之下，朝鮮讀書人對明朝，伊始是悲憤至極、手足無措，後來則在時光的長河中無止盡地追憶。一六四四年，清廷入主中原後，釋放原本擔任人質的朝鮮王子鳳林大君（一六一九－一六五九），他回到朝鮮宮廷，向眾人報告明朝滅亡的消息。根據《朝鮮王朝實錄》的記載，當時「雖輿臺下賤，莫不驚駭隕淚。」[27]所有人哭成一團，又驚又懼，大明居然就這麼滅亡了。不同於清國讀書人，朝鮮知識人全然沒有書寫明朝歷史的忌諱，一六四四年以降是朝鮮思念明朝

25 閔鼎重，《老峯燕行記》，頁三八七。
26 吳道一，《丙寅燕行日乘》，頁一九七。
27 《朝鮮王朝實錄》，仁祖二十二年五月七日，甲午條。

的盛世，前仆後繼，一個以思念明朝為名的時代，於焉開始。

郭瀏（一五九七－一六七一）就是親身經歷明朝滅亡，在餘生銘刻皇明的朝鮮人。一六四四年明朝滅亡，他年已四十七歲，並非「不懂事」的年紀。當時他在朝鮮第一學府成均館就讀，卻因為時代巨變，斷絕出仕為官的念頭。因為他在萬曆丁巳年（一六一七）考中科舉，進入成均館，此後自號「萬進堂」。退居鄉里的生活，專注於完成兩本書，一是關於明朝歷史的《皇明記略》，一是關於夷狄大義的《春秋解義》。朝鮮讀書人崇仰他的德性，禮稱他「崇禎處士」，也就是為明朝守節，終身不當官的朝鮮人。

郭瀏並不孤獨，他是時代的縮影，曾經有那麼一段歲月，朝鮮人用寫作明史，寄寓對明朝的愛與懷念。年紀小郭瀏整整五十歲的李玄錫（一六四七－一七〇三）是另一個例子，半世紀似乎不夠長，因為李玄錫的畢生職志，居然是撰寫一本最完善的明朝歷史。李玄錫本在朝廷任官，卻突然向國王上奏〈乞屏退卒撰明史疏〉，期盼能夠專心撰述明朝歷史。在這封奏疏中，他明白表示，退休寫書的目的是「**揭其不忘皇明之至意焉**」，[28]他想接棒，完成朝鮮先賢的遺志，編纂

---

20 李玄錫，《游齋先生集》，卷十三，〈乞屏退卒撰明史疏〉，頁四八五。

一套中外莫及的明史。

那一年是康熙四十二年（一七〇三），李玄錫去世的這一年，他為《明史綱目》撰寫的序言提到：「明乎、明乎，終有所不忍忘焉者矣。倘其專附乎『續資治』之名，而沒其國號，則豈余之始托意者哉！」[29] 明朝啊！明朝啊！這段始終不忍遺忘的歷史，如果按照清國的作法，隱沒明朝，豈不違背我的本意？這是來自朝鮮的堅毅呼聲，他們想要擺脫清國，寫一套屬於自己的明史。

李玄錫編纂《明史綱目》是出於對明朝的眷戀，以及承繼先人遺志的責任感，但他不是毫無顧忌。他曾表示「或謂外國之作中國史，古未嘗有也」，[30] 自古以來，確實沒有外國替中國寫歷史的例子，但這沒能阻斷他的工作，最終他完成二十四卷併附錄一卷共二十五冊巨帙的《明史綱目》。管見所及，這可能是朝鮮人著述最豐厚的明朝歷史作品。

李玄錫似乎過慮甚矣，儘管過去未有外國作中國史的例子，編修明史像是時代的狂熱，席捲全國。在李玄錫身後，七十年過去，朝鮮官方也開始投入明史工程。一七七二年，當時仍在東宮研習治國偉略的朝鮮王子李祘（一七五二－一八

---

29 李玄錫，《明史綱目》，〈明史綱目序〉，頁1b。

30 李玄錫，《游齋先生集》，卷十三，〈乞屏退卒撰明史疏〉，頁四八五。

〇〇），這位以讀書為樂的儲君偶然接觸一套中國典籍《通鑑綱目》，他有感於獨缺有明一代的歷史，便召集賓客名士，補完明史，名為《資治通鑑綱目新編》。寫出最完整的明史，是思明的象徵，橫亙百年，走進知識圈底層與皇宮深處的人心。

響應朝鮮正祖李祘的賓客之一是徐命膺（一七一六－一七八七），他極為認同李祘的志向，表示「說者以為皇明綱目不作則已，作之則其必在於東土。」[31]人們都說《資治通鑑綱目》關於明朝的部分，必是由朝鮮人寫的。在這個年代，朝鮮人寫明朝歷史，多麼理所當然。

這是思念明朝的盛世，是洪大容、朴趾源棲身的時代。一七六四年，是甲申之變（一六四四）後一百二十年，又是一個甲申年。朝鮮讀書人群聚一堂，紀念這個別具意義的瞬間。崇禎皇帝（一六一一－一六四四）殉國，時在三月十九日，一七六四年的這一天，朴趾源親眼目睹朝鮮讀書人，成群結隊地走到宋時烈（一六〇七－一六八九）的舊屋，朝著宋先生的畫像行禮如儀。他們走出屋外，行至近郊，向西面（清國所在的方面）大聲呼喊：「胡！」[32]表達對清國的鄙

31 徐命膺，《保晚齋集》，卷七，〈綱目新編序〉，頁二〇〇。
32 朴趾源，《熱河日記》，頁九十三。

視。這個過程越顯詭譎違和，越凸顯思明的牢不可破。從一六三七年許格奔上小白山痛哭算起，至一七七二年徐命膺書寫明史的大義凜然，已然度過一百三十五年，而朝鮮仍是那個眷眷明朝的朝鮮。

歷史知識

思念明朝不是空口無憑的熱情，也不僅止於纂修史書而已，這曾是長達百年的知識狂潮，為朝鮮讀書人創造一個顛撲不破的道理。康熙八年（一六六九），朝鮮使臣閔鼎重曾向一位中國秀才王公濯探聽南明的消息。儘管習稱一六四四年明朝滅亡，然而在大陸南方，確實存在一股勢力，負隅頑抗，史稱南明。閔鼎重問及南明的永曆皇帝（一六二三－一六六二）的下落，他說「或云永曆投緬甸國遇害，其太子為吳三桂所執，亦不善終耶？」[33]閔鼎重顯然對永曆帝的下落半信半疑，他希望王秀才證實傳言，他想要知道明朝滅亡的真相。根據目前所見的文獻，不禁讚嘆朝鮮使者蒐羅情報的能力，因為句句屬實，只是王公濯似乎有所疑慮，不敢明說，只表示「多虛傳，未必實」。

33 閔鼎重，《老峯燕行記》，頁三九三。

閔鼎重與王秀才作為經歷明清鼎革的當事人，將永曆帝、南明的訊息視為「情報」而非「歷史」，似無不可。然而，細細審酌一百一十四年後，朝鮮使者李田秀（一七五九－？）與一位中國儒商張又齡的對話，將揭示這些歷史問答實有深意可尋。李田秀問道：「永歷〔曆〕皇帝不知究竟，或云後在安南云，然否？其亡果在何時？」[34] 李田秀的問題與閔鼎重如出一轍，永曆皇帝究竟何去何從，這始終是纏繞朝鮮使者心頭的大設問。為什麼相隔百年，朝鮮讀書人道出相同問題？答案必須從朝鮮思念明朝的業績說起，因為事出有因，而我們只見著那個結果。

朝鮮的歷史教育：童蒙讀物

我確信閔鼎重、李田秀關於永曆皇帝的疑惑不是偶然，事出必有因，而答案需要耐心挖掘。固然得以將此歸諸思念明朝的結果，倘若不是他們眷戀明朝，何以至此。然而，僅關注思明的種種言說，無異遺忘思明時代的偉大業績，他們不正寫下無數關於明朝的歷史嗎?!此類作品是朝鮮知識人的日常，無所不在，提醒著思明如此理所當然。稍稍翻閱當時流行的歷史讀物，如《史要聚選》，或是專

34 李田秀，《入瀋記》，頁一三二六。

業的歷史著作，如李玄錫的《明史綱目》，能夠發現更多證據。

《史要聚選》是面向普通讀者的歷史教科書，在九卷的篇幅中交代「帝王、后妃、聖賢、異端」等中國人物。值得注意的是，這本書自出版之後，雖在乾隆元年（一七三六）、乾隆三十三年（一七六八）年再版，但關於「中國帝王」的記載仍停留在明朝永曆帝。關於這位末代皇帝的下落，《史要聚選》稱：

> （永曆）帝入南寧，遂入土州。嚴起恆等數人隨去，後未詳。[35]

至於那位以纂修明史為己任的李玄錫，在《明史綱目》亦稱：

> （永曆帝）車駕趨南寧，遂入土州，唯嚴起恆、王化澄、馬吉翔、龐文壽等隨去，後未詳。[36]

---

35 筆者曾於復旦大學古籍部檢閱這兩種刊本，除序不同外，內容是一致的。權以生輯，《史要聚選》，上海：復旦大學古籍部藏清乾隆元年（一七三六）朝鮮由洞刻本。權以生輯，《史要聚選》，上海：復旦大學古籍部藏清乾隆三十三年（一七六八）重刻本。

36 李玄錫，《明史綱目·附錄》，頁三十七。

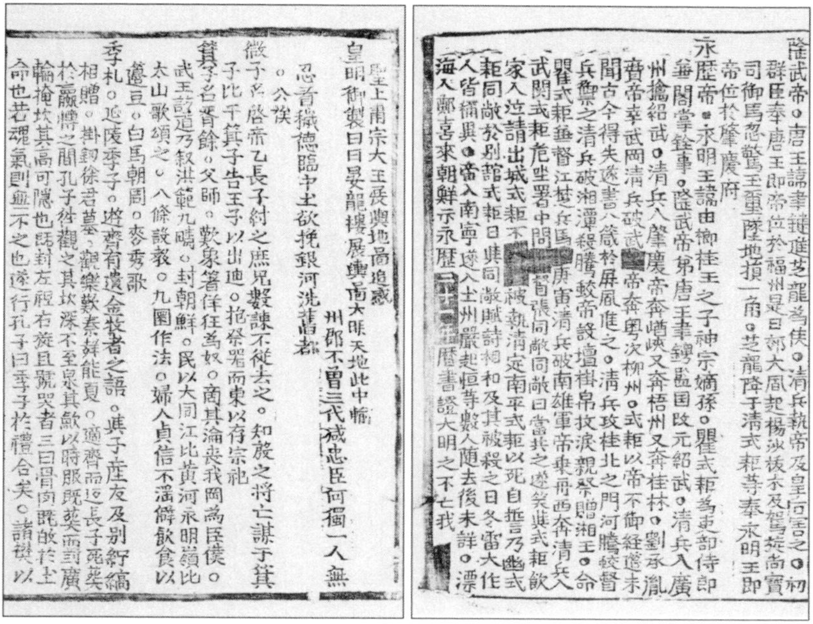

隆武帝。唐王諱聿鍵。進芝龍爲侯。清兵執帝及皇后害之。初
群臣奉唐王卽帝位於福州。是日郊大風起揚沙拔木及駕旋尚寶
司御馬忽驚玉璽墜地損一角。芝龍降于清式耜等奉永明王卽
帝位於肇慶府
永曆帝。永明王諱由榔桂王之子神宗嫡孫。瞿式耜爲吏部侍郎
兼閣掌銓事。隆武帝弟唐王聿鐭監国改元紹武。清兵入廣
州擒紹武。清兵入肇慶帝奔梧峽又奔梧州又奔桂林。劉承胤
賣帝幸武岡清兵破武[illegible]帝奔粤次柳州。式耜以帝不御經遂未
聞古今得失遂書八箴於屏風進之。清兵攻桂北之門河騰蛟督
兵禦之清兵破湘潭殺騰蛟帝設壇掛帛技淚親祭贈湘王。命
瞿式耜兼督江楚兵馬。庚寅清兵破南雄軍帝東冊西奔清兵入
武閣式耜危坐署中問[illegible]督張同敞同敞曰當與之遊笑與式耜飲
家人泣請出城式耜不[illegible]被執清定南平式耜以死自誓乃幽式
耜同敞於別館式耜日與同敞賦詩相和及其被殺之日冬雷大作
人皆稱異。帝入南寧遂入土州嚴起恒等數人隨去後未詳。漂
海人鄭喜來朝鮮示永曆[illegible]曆書證大明之不亡我

聖上肅宗大王展輿地圖追感
皇明御製曰旻龍樓展輿圖大明天地此中輸 州郡不曾三代減忠臣何獨一人無
忍看織德臨中土欲挽銀河洗舊都
。公族
微子名啓帝乙長子紂之庶兄數諫不從去之。知殷之將亡謀于箕
子比干箕子告王子以出迪。抱祭器而東以存宗祀
箕子名胥餘。父師。數象箸佯狂爲奴。商其淪喪我罔爲臣僕。
武王訪道乃敘洪範九疇。封朝鮮。民以大同江比黃河永明嶺比
太山歌頌之。八條設教。九圜作法。婦人貞信不淫僻飲食以
籩豆。白馬朝周。麥秀歌
季札。延陵季子。遊齊有遺金披裘者之語。與子產友及別紵縞
相贈。掛劍徐君墓。觀樂數奏舜能夏。適齊而返長子死葬
於嬴博之間孔子往觀之其坎深不至泉其斂以時服既葬而封廣
輪掩坎其高可隱也既封左袒右旋且號哭者三曰骨肉歸復於土
命也若魂氣則無不之也遂行孔子曰季子於禮合矣。請與以

《史要聚選》書影（來源：早稲田大学古典籍データベース。）

根據這兩種文獻，確實未曾明言永曆皇帝的下落，都是「後未詳」。因此，閔鼎重、李田秀的相同問題，立基於同一個知識來源。不確定的言說充斥耳際，親臨中國的二人，想要尋找屬於自己的答案。

燕行中國的朝鮮人終究是少數，中國是遙不可及的鄰國，絕大部分的朝鮮人寓居鄉里，認識中國的方法是書籍。永遠不可忽視傳統史書的影響，不論是專業史家如李玄錫的《明史綱目》，或是通俗讀物如《史要聚選》，他們主導朝鮮知識人關於「明朝」的知識數個世代。更往底層

尋去，那些容易為人忽視的童蒙讀物，影響力亦不容小覷。

當時最流行的童蒙讀物，莫過於《童蒙先習》。這本出版於一五四一年的著作，本來是朝鮮讀書人朴世茂（一四八七－一五六四）的私人作品，推測是他教育子女的一份教材。全書分為上、中、下，共三卷，分別教授「道德倫理」、「中國歷史」、「朝鮮歷史」。韓國學界對此書甚為重視，除了關注道德倫理的闡釋外，更重要的是此書係第一本有系統地教授朝鮮歷史的文獻，被認為是「朝鮮獨立」歷程的重要痕跡。值得一提的是，《童蒙先習》在明朝滅亡後，受到朝鮮官方矚目，通行全國，以眷眷明朝著稱的朝鮮大儒宋時烈，甚至為此書作跋文。

一本十六世紀的童蒙教科書能夠持續再版，除卻文筆精湛、難易適中等優點外，為宋時烈看重的實是符合國情，是呼應思明時代的產物。稍一翻閱《童蒙先習》即可明瞭，這本書對於歷史的描述，滿足朝鮮上下的期待。元朝是蒙古人的政權，是胡虜夷狄，《童蒙先習》稱元朝是「胡元滅宋，混一區宇，綿歷百年。夷狄之盛，未有若此者也。」[37]即使元朝統一天下，亦因為夷狄的身分，評價不高。相形之下，皇明中華是「大明中天，聖繼神承於千萬年。」[38]大明將延續千

37 朴世茂，《童蒙先習註解》，頁一八五－一八六。

38 朴世茂，《童蒙先習註解》，頁一八六。

萬年，如日中天。朝鮮與明朝的關係十分明確，《童蒙先習》記載「天命歸於真主，大明太祖高皇帝賜改國號曰『朝鮮』，定鼎於漢陽。」[39]上蒼將天命賜與李成桂（一三三五－一四〇八），國號由大明欽定，立都漢陽。我們不應小看這麼幾句話，因為這是面向幼兒的教科書，這在他們腦海中塑造一種世界觀，最偉大的國家叫大明國，而我們的文化承繼大明國而來。

朝鮮轉向內在

當洪大容與金鍾厚爭辯不休之際，歷史已然步入新階段。還記得洪大容遭受責難，理由是使用清朝年號，與中國儒生結為兄弟。清朝不僅是夷狄，也是歷史書寫的禁忌。一七六六年的論戰像是時代的印記，象徵一個屬於思明的時代。然而，新的浪潮逐漸襲來，侵蝕原有的歷史地景，塑造新的風貌，那是一個專屬朝鮮的畫面。

洪大容與金鍾厚論戰後十年，一七七六年，一位名叫李萬運（一七二三－一七九七）的讀書人，出版他私自編纂的童蒙讀物《紀年兒覽》。《紀年兒覽》的

39 朴世茂，《童蒙先習註解》，頁二四二。

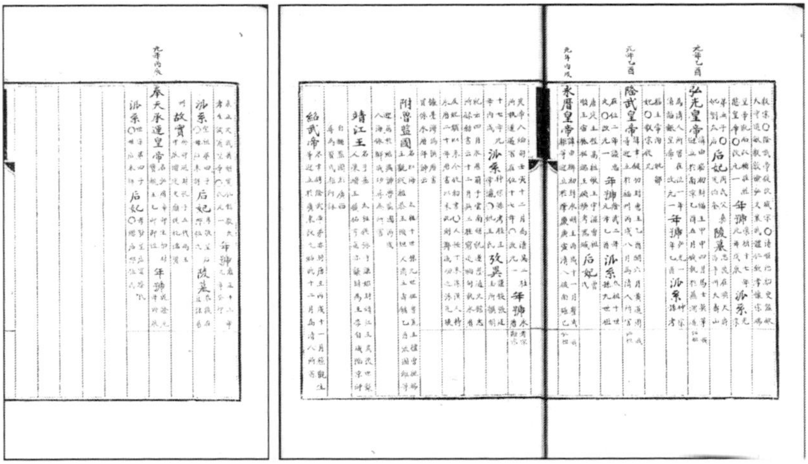

《紀年兒覽》書影（閱讀次序：由右至左；來源：哈佛燕京圖書館）

問世是劃時代的變遷，與《童蒙先習》不同，李萬運安排了清朝的位置，明朝不再是中原王朝的尾聲。如圖所示，永曆皇帝的下落不是「後未詳」，而是「為吳三桂所執，遂遇害」，這是蓋棺論定，也是前所未有的確認，核實一個時代的消亡。

不僅如此，無論是將《紀年兒覽》視為科舉教科書，或是童蒙讀物，關於清朝的歷史，李萬運以「奉天承運皇帝」稱呼乾隆皇帝（一七一一－一七九九），這是過往未曾出現的。一七六六年洪大容因為使用康熙年號的爭議，彷彿過眼雲煙，一轉即逝，清國堂堂正正地進入朝鮮社會。

李萬運正視清國的筆法不是臨時起

意，實有寓意。在李萬運眼中，舉國傾心明朝的現狀，無異於遺忘朝鮮自身的歷史。他編纂《紀年兒覽》時，將中國歸諸「外國」，與郭瀏、徐命膺、李玄錫的認知完全不同。郭瀏寫作《皇明記略》是為了緬懷明朝，徐命膺甚至聲稱只有朝鮮人才能編纂明朝歷史。在這些思念明朝的人心底，明史不僅是文化事業，也是守護中華文化的終極任務。李萬運卻不做此想，他認為朝鮮人遺忘本地的歷史，他表示「學士文人脫略於名數之辨，粗識中朝（中國）年代，而於本國（朝鮮）則顧茫然不識，此何異不記祖父之年甲者耶？」[40]朝鮮人只懂中國歷史，對本國歷史一竅不通，這不是數典忘祖嗎？這是來自朝鮮本土的呼聲，也是思明的危機。

洪大容就是時代的見證人，潘庭筠曾詢問他朝鮮歷史，希望能寄上幾本關於朝鮮史的著作，洪大容的回信卻表示「東俗崇信儒學，著述多門，但士子沒齒從事，惟矻矻於中華文獻，而東史典故，多闕不講，騖遠忽近，殊為詫異。」[41]朝鮮讀書人信奉儒學，專研的是中華文獻，對於朝鮮的歷史，討論不多，洪大容自己也驚異不已。這是注意力從中國轉向朝鮮的時代，洪大容的回應不是孤證，一八一三年一本朝鮮歷史書《震史一統》同樣表示：

40 李萬運，《紀年兒覽》，卷前不著頁碼。
41 洪大容，《湛軒書·外集》，卷一，〈與秋庫書〉，頁一一六。

東人好譚論天下事，其於中國史，世代治亂，歷數不錯，專而工者，往往若渡江河而沛然也。惟於我東史則未必然也，稱博該之士，不若中國史達通。豈東俗在中國則慕之，在吾東則忽之而然耶?!是不知本外之別、主客之分，何異乎坐屋宇而能知屋外事，不知屋內有甚事也？[42]

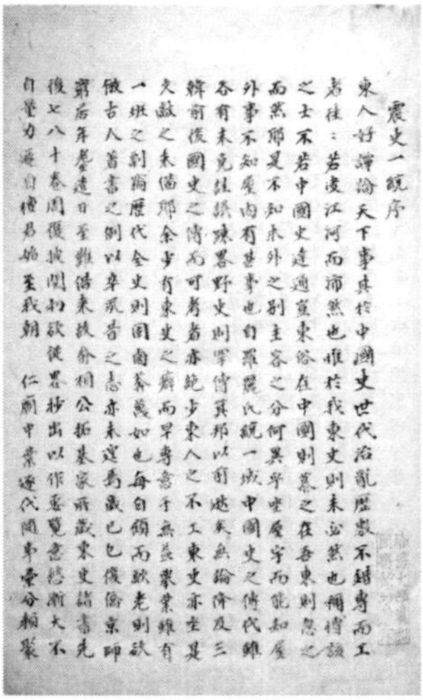
震史一統序
東人好譚論天下事其於中國史世代治亂歷數不錯專而工
者往往若渡江河而沛然也惟於我東史則未必然也稱博該
之士不若中國史達通豈東俗在中國則慕之在吾東則忽之
而然耶是不知本外之別主客之分何異乎坐屋宇而能知屋
外事不知屋內有甚事也自羅麗氏統一成中國史之傳代雖

歸徠老人著，《震史一統》書影（來源：哈佛燕京圖書館）

這本書直言，朝鮮讀書人熟悉中國歷史，專精者眾，唯獨對朝鮮歷史陌生，他認為這無異於坐在屋中，通曉屋外事，卻對屋內沒有絲毫認識。這些針對中國史的質問，不正是對思明最嚴厲的挑戰嗎？李萬運筆下「不記祖父之年甲者」，歸徠老人所指不知屋外事的朝鮮讀書人，那些熱衷於書寫明朝歷史的人，想必過半背負責罵。

42　歸徠老人，《震史一統》，〈震史一統序〉，不著頁碼。

時間越久，思明的表徵持續維持，但深刻記憶的人越來越少。出乎意料，沒有政治力的介入，思明的大敵是時間與朝鮮人自己，李萬運等人對本地歷史的呼聲，以及時間的侵蝕，鳴起退場的聲響。時間越往後，我們能夠看到朝鮮讀書人對思明的堅持，也見著更多遺忘與失望，源源不絕。殊為詫異的不是朝鮮人沒有關於本地的歷史著作，而是思明就如此終結，在時間的長河中，默默消逝，伴隨著中國與朝鮮的爭論，伴隨著朝鮮歷史崛起的呼聲。洪大容與嚴誠的友情，像是耀眼的煙花，提醒我們，這結束了。

眷眷明朝

清國未能摧毀明朝，對於朝鮮而言，時間才是思明的大敵。在外交上臣服清國，是政治表態，不是心悅臣服，是逼不得已。洪大容在北京的旅程，也曾高唱思明的悲歌，感嘆生不逢時，這是時代照映出的特殊光景，屬於數個世代的朝鮮讀書人。偶然的相遇像是突然鳴起的槍聲，提醒眾人歷史正在奔馳，沒有人能夠攔住。洪大容與嚴誠的真摯友誼，不是發生於鄉里的美談，而是時代的劇變。這是思明悲歌結束前的序曲，引領眾人聆聽下一首歌，準備曲終人散，準備翻開新頁。

從日本軍士踏上釜山算起，朝鮮曾經瀕臨亡國邊緣，一度復起，又在明清鼎革的戰火中跌了一跤。十七世紀的朝鮮歷史起伏不斷，拯救國家於危難，卻也喪失文化祖國於旦夕，一切是發生地如此迅速，轟然崩解。我總認為，明朝滅亡後，在朝鮮才真正開展一段屬於明朝的時光。曾經有那麼一個時代，他的名字叫作思明，烙印朝鮮人心，至死不渝。

洪大容像是突入歷史的意外，提醒我們，朝鮮人與中國人不可結為天涯知己，卻又警醒我們，世界正在改變，一去不返。朝鮮思念明朝的過程絕非一蹴可及，這是數個世代打造的偉業，無數朝鮮人捨棄餘生，目的是寫出最完美的明朝歷史。他們用盡生命吶喊，呼籲眾人莫踏上前往清國的道路，獨守中華文化於東土。

從許格奔上小白山痛哭的那一天起，朝鮮已然踏上歸途，他們走在尋找自身歷史的道路上。輾轉曲折，終點未曾改變，燕行使終將返鄉。利用那名為「世代」、「時間」的眼睛，我們能夠發現更多洪大容不知道的故事，原來思明也是能夠磨耗的存在，幾經變遷，亦可能消弭於無形。重新審視李萬運、歸徠老人的質疑，對朝鮮歷史的重視不是對思明的正面直拳，在我眼中，即使再多的呼聲都不能擊倒這份對明朝的情感。遺忘才是歷史的大敵，正視「敵人」才是殺手鐧，當洪大容傾心交談，與嚴誠結為好友的那一刻，歷史已然論定，這是一場名為友情的中外美談，也是思明的終聲。因為啊因為，一位朝鮮人與一位中國人，締結良緣，成為莫逆，成為跨越一切的朋友。這是夢醒時分，一切重新開始。

結語

重新思索本書開頭提供的兩張地圖，關於繪製者的目的，不妨留待史家細細深究。我深信謎底終有揭曉的一天，因為時間能夠沒收各種線索，卻始終無法擊倒真相。至此，還有一些關於「中國地圖」、「天下圖」的故事，協助我們透過另一雙眼睛，體驗朝鮮使臣的視界。

朝鮮人不是唯一的幸運兒，擁有往來朝鮮、中國的門票。轉換視角，才能描繪燕行的不同風景。展開一本名為《輿圖》的畫冊，首先引人注目的，通常是右側的「獐子」，即朝鮮人眼中的「滿洲人」。這張圖展示朝鮮人對滿洲人的各種想像，他們面部扭曲變形，醜惡無文，說得更直接，這不是人類，而是禽獸。圖旁的文字提及：「獐子多醜惡，頭戴紅氈帽，衣與時制無異，耳垂鐺。」基於朝鮮知識人的立場，完全可以理解，何以朝鮮人如此描繪滿洲人；因為這是想像的真實，觀看者有心，繪畫者有意，互為表裡。

《輿地圖》中的㺚子與西洋人，現藏韓國國立中央博物館。

　　將目光聚焦在㺚子身上，強調朝鮮讀書人思念明朝的特殊現象，這固然有趣，卻也限縮朝鮮世界觀的格局。事實上，「思明」不應該是朝鮮世界觀的全部，左側的「西洋人」提醒我們，北京不只有漢人、滿人，還有從世界各國湧入的人物，他們都在創造歷史。根據《輿圖》繪者的認識，西洋人「多深目高鼻」，來往東西，服飾與滿、漢人相同。這些穿著中國服裝的西洋人是寓居北京的常客，為明、清兩代的宮廷服務。

金允謙（1711-1775），〈胡兵圖〉，這同樣是一幅滿洲人的畫像，卻與前圖完全不同。這兩者之間的矛盾，益發凸顯朝鮮人眼中的「蠻夷」的兩面向，兩者都是真實，醜陋的夷狄是想像真實，細緻描繪的胡兵則是眼前的真實。本圖現藏韓國國立中央博物館。

燕行即世界，中國彷彿巨大無垠的交流場域，文化相遇的浪漫引誘有心人靠近。朝鮮貢使早知西洋人的存在，清代的朝鮮使者前仆後繼登門造訪，拜訪北京天主堂的朝鮮客人絡繹不絕。一七六六年，洪大容（一七三一—一七八三）曾表示「康熙以來，東使赴燕，或至堂求見，則西人輒歡然引接。使遍觀堂內異畫神像及奇器，仍以洋產珍異饋之。」[1]康熙年間（一六

1 洪大容，《湛軒燕記》，〈劉鮑問答〉，頁四十一。

六二－一七二二），流連北京市肆的朝鮮使臣，沒有忽略天主堂。西方傳教士也樂於與之交流，大方地向來自白衣君子國的客人，介紹各種器物，甚或奉送小物什，作為伴手禮。

康熙五十九年（一七二〇），李器之（一六九〇－一七二二）就是那位頻繁造訪天主堂的朝鮮人。傳教士白晉（Joachim Bouvet，一六五六－一七三〇）、湯尚賢對李器之極其禮遇，雙方談論不少關於科學技術的問題。值得注意的是，兩位傳教士曾慎重地詢問李器之，如何來往中、朝兩地，又問朝鮮的城市規模、民生狀況。為榮耀上帝而來的外邦人，希望將福音傳播得更遠，直到東方的盡頭。湯尚賢明白地說：「吾們欲出往朝鮮，作天主堂，使天主之教，無遠不行。」[2]李器之嚇壞了，他只能不斷推拖，藉故轉換話題。

相較於白晉傳教朝鮮的企圖，更令我關心的是傳教士贈送的禮物，他們備妥「自鳴小鍾〔鐘〕」、「千里鏡」以及「坤輿圖」，[3]期盼藉此與朝鮮客人拉近關係。自鳴鐘就是時鐘，千里鏡則是望遠鏡，至於坤輿圖，想必就是傳教士繪製的世界地圖。今人眼底一場再簡單不過的相遇，無意間啟動文化交流的開關，來

2 李器之，《一庵燕記》，收入《韓國漢文燕行文獻選編》，冊十三，頁六十四。
3 李器之，《一庵燕記》，收入《韓國漢文燕行文獻選編》，冊十三，頁三十五。

自西方的科學知識，以及世界觀，悄然走入朝鮮。[4]

西洋知識東傳朝鮮，不是康熙年間的專利，甚至不是清代的獨特現象。萬曆十年（一五八二），利瑪竇（Matteo Ricci，一五五二－一六一〇）計畫前往大明傳教，他先抵達澳門，修習漢文。這位勤奮的「西儒」頗具才華，一路向上爬，結識不少貴人，最終深得中國儒生的讚譽，如高階文官徐光啟（一五六二－一六三三）、李之藻（一五七一－一六三〇）。李甚至受洗，成為名副其實的基督徒。這不是一段獨屬中國史的故事，因為世界向所有人發出邀請，只要你願意一試。

萬曆三十年（一六〇二），利瑪竇繪製一幅歷史上最知名的地圖《坤輿萬國全圖》，這不是中國第一次目睹「世界」，卻可能是影響最深遠的一次。深受震撼的不只有中國人，肩負政治使命的朝鮮使者，亦牽起這段最具文化意義的緣分。一六〇三年，朝鮮使者李睟光（一五六三－一六二八）出使大明，他提及兩位隨團使節李光庭、權憘在北京購得《歐羅巴國輿地圖》，這地圖一件六幅，其實就是《坤輿萬國全圖》。

李睟光對這幅地圖評價甚高，他指出「其圖甚精巧，於西域特詳，以至中國

4 本書以下關於朝鮮使者與西學的關係，主要參考李元淳，《朝鮮西學史》。

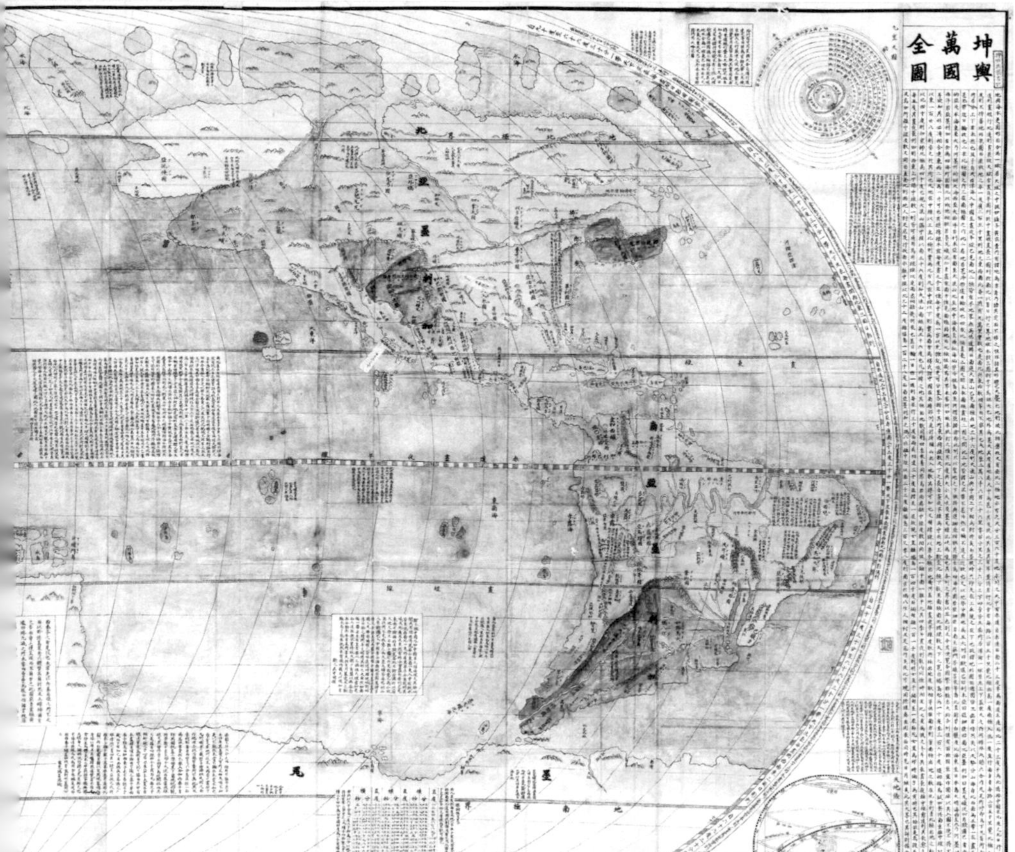

尺寸：[左]169×188cm，[右]169×188cm。

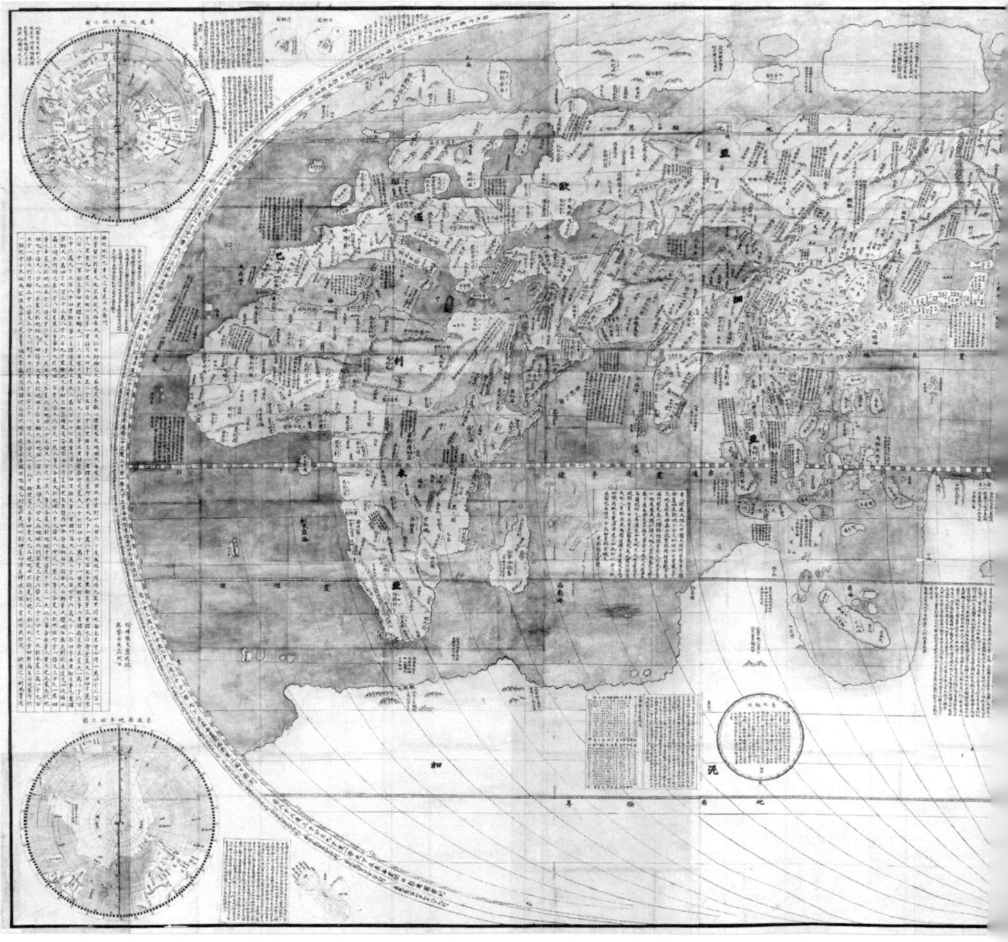

日本東北大學藏「坤輿萬國全圖」，分成左右兩幅。

地方暨我東八道、日本六十州。地理遠近大小，纖悉無遺。」[5]顯然頗信服利瑪竇的手筆。令人感到驚訝的是，《坤輿萬國全圖》問世後一年，朝鮮使者就揣著它返鄉，這是天造地設的安排，燕行是邁向世界的第一步。然而，今人目為「真實」的地圖，不是李睟光腦中關於世界的全部，諸如「裸壤國」、「永結利國」、「戶人國」，均是與「歐羅巴國」相提並論的「外國」。朝鮮的世界觀不斷擴充，與此同時，未知與陌生也被棄置在地圖的四周，在竭盡此生都無法見證的千里之外。

即使是充滿悲情的明朝末年，知識仍在開花結果。崇禎三年（一六三〇），鄭斗源（一五八一－一六四二）循海路朝天，他沒按大明規劃的路線前進，在山東登州停留二十餘日。期間偶遇大明將領、徐光啟的學生孫元化（一五八二－一六三二），孫元化擅長使用火器，特別是西洋人打造的大砲。當時一位名叫陸若漢（Johannes Rodriquez）的傳教士，奉大明皇帝的命令，在此協助軍隊學習使用火器。鄭斗源請隨行的翻譯官，向陸若漢學習天文、曆法，軍官則是因之熟悉「紅夷大砲」的操作方法。

5 李睟光，《芝峰類說》，卷二，〈諸國部・外國〉。

還有更多朝鮮使者與世界偶遇的故事，朝鮮王子李㴭（一六二二－一六五八）早逝的兄長李溰（一六一二－一六四五），他在瀋陽、北京擔任人質的歲月，結識湯若望（一五九一－一六六六），成為好友。李溰啟程返國前，湯若望贈送他若干西方學問的翻譯書，以及一座地球儀。李溰頗中意地球儀，計畫歸國後大力推廣，可惜天不假年，成為絕響。

上述線索揭示閱讀地圖的新方法，這些知識，根於西方、來自中國，在十八世紀之前已源源不斷輸入朝鮮。鑽研天下圖的研究者，直言這張圓形地圖與西式輿圖有關，少有關心朝鮮燕行使扮演甚麼樣的角色。在我眼中，他們就是隱身於地圖之下的藏鏡人。筆者同意，西方的圓形地圖是解開天下圖謎底的關鍵，但不應放大《坤輿萬國全圖》的影響。這地圖著實太大，一件六幅，長一百五十二公分，寬三百六十六公分，不適宜運送，也不便欣賞。

《坤輿萬國全圖》是重要的知識根源，但影響朝鮮更多的，應是傳教士縮小復刻的版本，是擺在北京琉璃廠，取購方便的各種仿本。知識流傳的脈絡，需要從最普及的地方尋找答案。筆者曾寓目一本地圖集《各國圖》（奎章閣，古2802-1），第一頁是「天地全圖」，是西式的世界地圖。繪製者為了在一頁之內交代「全球」，於是以中國為中心，縮小各地，塞於一處。這具備「地圓說」的

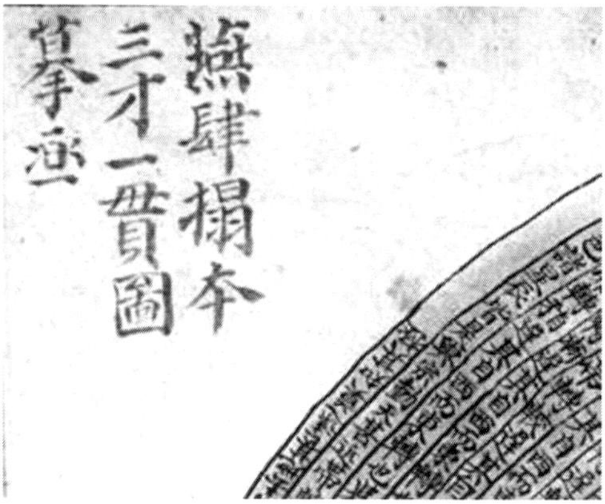

◀韓國國立中央博物館藏《天下全圖》，〈北京路程記〉
▶韓國國立中央圖書館藏《各國圖》，〈天地全圖〉（局部）

本質，在堅持中國中心的同時，更向讀者展示世界遠比中國遼闊的遐想。這幅地圖的左上角，用紅筆寫下「燕肆搨本，三才一貫圖摹畫」，提醒吾人，這是「中國製造，朝鮮代工」的產物。

這個在北京的摹本，出自朝鮮使者之手。他們將所見所聞「拍照攝影」，以圖存證，於是諸如《萬年一統天下全圖》、《三才一貫》，都是摹畫的對象。夾雜著中國、西洋，朝鮮帶回最「真實」的世界。

中國是朝鮮燕行使的文化母國，旅行以政治、外交為名，卻處處飄散鄉愁。他們在沿途與中國讀書人言辭交鋒，目睹山海關的雄偉，親臨北京城的壯麗，曾有人感動落淚，也有人失落惆悵。朝鮮使者以中國為題的書寫，開創一個嶄新的空間，裏頭封存中

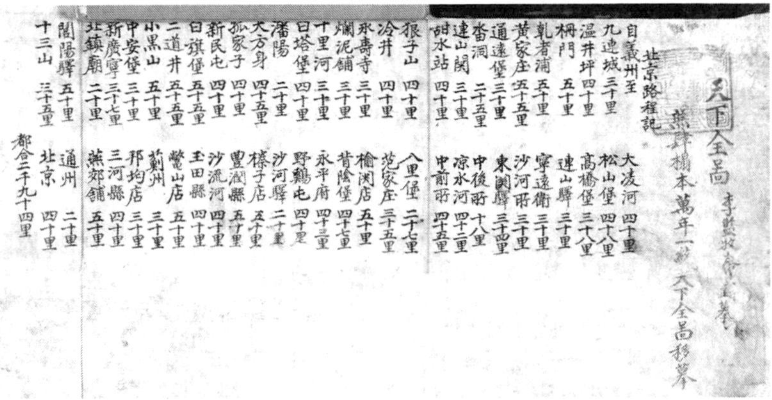

天下全圖

北京路程記

自義州至 大凌河 四十里
九連城 三十里 松山堡 四十八里
溫井坪 四十里 高橋堡 三十八里
椵門 五十里 連山驛 三十里
乾者浦 五十里 寧遠衛 三十里
黃家庄 五十五里 沙河所 三十里
通遠堡 三十里 東關驛 三十四里
沓洞 二十五里 中後所 十八里
連山關 三十里 涼水河 四十二里
甜水站 四十里 中前所 四十五里
狼子山 四十里 八里堡 二十七里
冷井 四十里 范家庄 三十五里
永壽寺 三十里 榆關店 五十里
爛泥舖 三十里 背陰堡 四十七里
十里河 三十里 永平府 四十三里
白塔堡 四十里 野雞屯 四十里
瀋陽 二十里 沙河驛 二十里
大方身 四十五里 榛子店 五十里
孤家子 四十里 豐潤縣 五十里
新民屯 四十里 沙流河 四十里
白旗堡 五十五里 玉田縣 四十里
二道井 五十五里 鶯山店 五十里
小黑山 五十里 薊州 三十里
中安堡 三十里 邦均店 三十里
新廣寧 三十七里 三河縣 四十里
北鎮廟 二十里 燕郊舖 五十里
閭陽驛 五十里 通州 二十里
十三山 三十五里 北京 四十里
都合二千九十四里

國、西洋，與朝鮮自己的聲音。曾經有那麼一個時代，離鄉遠行是少數人的特權，待在國內的人渴望直面世界。於是，使團的見聞是魅力十足的新聞，引誘朝鮮讀書人涉入其中。清代中國充斥「胡虜夷狄」的認知是虛假，亦是真實；因為未曾親身遠行的多數，惟在著述、閱讀的過程中，體會中國的存在。燕行即世界，這就是朝鮮使者的秘密。

【同場加映】那些年，東亞其實很熱鬧……

其實，朝鮮使者不只去中國，也去日本！

使者徹夜未眠：申維瀚在日本的文學苦惱

日本最早提及「書籍」的記載見於《古事記》。這個故事是這樣說的：應神天皇（二七〇－三一〇）命百濟國（西元前十八－六六〇）進貢書籍，於是百濟派遣了一位和邇吉師（亦有一說稱王仁）前往日本，他帶了兩種書，一是《論語》，一是《千字文》。

我們自然不會真的認為在此之前日本沒有書籍，或是和邇吉師千里迢迢跑來，居然只帶了《論語》跟《千字文》兩種書。我想這個故事更有意思之處應該是：清楚地揭示一條書籍旅行的路線。例如誕生於中國的《論語》輾轉跑到朝鮮半島，又經由百濟國人之手，飄洋過海，落腳日本；綿延千里的書籍旅行在一千七百多年前已經達成了。

每個人都能從裡頭找到自己喜歡的元素。尤其對那些踏上日本國土的朝鮮人而言，他們宛如和邇吉師一樣，是造訪東洋的賢人，為日本帶來更好的文化。

日本江戶時代（一六〇三－一八六七），朝鮮人除了有去北京逛逛的「燕行使」，也有前往日本的使節團，可以簡單統稱為「通信使」。雖然朝鮮、日本兩國因為「壬辰之戰」的關係，衝突不斷，但戰爭終究結束了。尚且不談戰後如何收拾善後，適當地恢復外交關係，實是當務之急。於是兩國首先就戰爭期間歸返「俘虜」一事展開談判，也因為如此，開始江戶時代第一次的通信使。

儘管通信使派往日本的次數不多，貫穿江戶時代二百六十四年間也只有十二次，卻留下數量驚人的相關資料。首先，朝鮮人是當時少數得以深入日本內地的外國人，頗受日本上下矚目，加上日本的文化界長期欽慕朝鮮，頻繁地與朝鮮人「交朋友」，於是留下許多寶貴的資料。

其次，朝鮮方面一如燕行使者的情況，隨行人員有的寫了日記，有的則是整天收集撰寫官方報告的資料，也寫下不少所見所聞。此類文字紀錄像是坐落於朝鮮、日本兩地之間的時空隧道，釜山、大阪、京都與江戶的風景，兩國知識份子各自的觀察，使者寫在日記裡的抱怨以及行經富士山下的讚美，每一則記述背後，彷彿如實再現過去的某個細節。

這些文獻背後藏著不同目的，有的想窺伺日本的國情民俗，以及政治局勢；有的是保存了友情紀錄，諸如讀書人之間的筆談紀錄，或是單純的遊記。真要說這些文字的價值，如果我們從當時「外交工作」的角度來看，就好比「維基解密」所曝光的政府文書一樣，裡頭是朝鮮人直接、沒有隱晦的日本理解。夾雜著客觀與偏見，越矛盾越顯真實。

如果要為朝鮮人的日本紀錄下幾個關鍵字，兩國交戰之後，十七、十八世紀的外交工作不僅僅是「親善友邦」，觀察他國民情也只是剛剛好而已，隨行人員另一重責大任就是「宣揚國威」。

甚麼是宣揚國威？從當時兩國之間的一些外交準備工作，即可瞧出端倪。例如兩國的外交人員事先磋商一份清單，明白列舉你要準備甚麼，我要做好甚麼。朝鮮方面有這樣的安排：選擇馬術精熟、弓技絕妙的人，以供表演所用。隨行的畫家必須是經驗老道，有顯著成績的人才能擔任。[1]

這些肩負特殊技能的朝鮮人，就是朝鮮國的代表，赴日宣揚國威。不過，上述不少還算是「武戲」，為了驗證朝鮮的人才文武雙全，當時在家孝順母親的申維瀚收到一份公文，他被告知即將前往日本，等待他的職務是使節團中的重要角色：「製述官」。

1 這份清單見：仲尾宏，《朝鮮通信使》，頁一一六一七一九年，朝鮮使者一行四百七十五人，帶著朝鮮國王的「國書」（國王給幕府將軍的信）前往日本，目的是恭賀三年前新就任的幕府將軍德川吉宗（一六八四－一七五一）。朝鮮官方為了在日本人面前表現出朝鮮人文化之深厚，特地揀選時年三十八歲的申維瀚擔任「製述官」，也就是專門請來寫詩文歌賦的好手。

按照申維瀚的說法，設立製述官的緣由是：「倭人文字之癖，挽近益勝，艷慕成風，呼以學士大人，乞詩求文，塡街塞門，所以接應彼人言語，宣耀我國文華者，必責於製述官。」[2] 日本對文學的喜愛，促使朝鮮在宣揚國威的項目中，創造製述官的位子。

這或許聽來有點誇張，但一如和邇吉師帶來《論語》、《千字文》的寓意一樣，在三、四百年前日本的文化界，朝鮮國一直因為漢文素養較高，享有極大的聲譽。當然，申維瀚也知道上述的典故，在他心裡，沒有朝鮮人傳播文化（帶書來日本），日本根本沒有文字。

申先生的觀點當然是極大的誤解，日本早有文字，有意思之處應該是他為何

2 申維瀚，《海游錄》，頁二四四。

如此想。這得考量到朝鮮的讀書人長期傾力學習漢文化，堪稱當時中國以外最熟悉漢文化的國家。相形之下，日本不像中國、朝鮮以「科舉取士」，江戶時代不僅是「武人社會」，同時也是世襲社會，導致學習文學的儒生沒有好的出路。換句話說，江戶時代的日本缺乏一個很強的社會誘因，令日本人願意躋身儒生之列。有趣的是，漢文化的價值在當時仍被日本人（尤其是文化界）認同，因此不少人即使不以儒生為業，部分醫生、武人也會學習漢文。

在這樣的背景下，朝鮮頂級讀書人的造訪，對日本社會彷彿震撼彈一般。第一，自江戶時期的德川幕府實行鎖國政策以後，尤其是遠離海港的內陸，一般庶民幾乎沒有見過外國人。不論是出於好奇，或是真心仰慕，朝鮮人一來受到極熱情的接待。第二，這對當時的日本讀書人而言，則是一個夢寐以求的機會，他們得以藉機透過筆談、翻譯與朝鮮人切磋漢文。

透過申維瀚的眼睛，我們得以一窺朝鮮人眼中的日本文學，以及他們多麼受到日本百姓歡迎。在他的日記《海游錄》中，時常評價訪日期間的朋友。當說到日本僧人的時候，他認為「其人與文章皆不足道」。[3]至於幕府將軍專用的文學

3 申維瀚，《海游錄》，頁二〇七。

人士，如擔任大學頭的林信篤（一六四五－一七三二），都被申維瀚評為：「觀其文筆，拙樸不成樣」。[4]申維瀚眼中的日本漢文學，著實不值一提。

這可以說是朝鮮人單方面的自大嗎？

如果從日本人的舉動看來，朝鮮人確實在漢詩文有突出的表現。先談談一般民眾，當申維瀚一行人抵達對馬島的時候，他形容當時的場景是：「觀光男女，簇簇如魚鱗，或坐堂、或窺簾、或立牆外、或在路旁。」[5]至於稍微懂漢文，或者說喜歡漢文的日本人就更不用說了，申維瀚每經過一個地方，必定是：「群倭聚集如雲，時時有夾紙筆而乞書者，余或隨興而寫。」[6]當申維瀚拿著毛筆寫字的時候，甚至有日本人整天在旁觀看學習。[7]

申維瀚就像文學明星，每次聚會都是眾人眼中的焦點，他寫的每首詩彷彿都是最高超絕妙的文學作品。他表示，當日本人從他手中拿走詩文時，不論身分高或低，都把朝鮮人視為「神仙下凡」，那些詩文則當作珠玉寶石般珍貴。即使是

4 申維瀚，《海游錄》，頁三一七。
5 申維瀚，《海游錄》，頁二五八。
6 申維瀚，《海游錄》，頁二九一。
7 「終日在傍，意頗惓惓」。出自申維瀚，《海游錄》，頁三二一。

抬轎子的下人，或是不視字的人，也以得到朝鮮人寫的書法為榮，頂禮膜拜，感謝再三。[8]

不過，每天應接日本人的「求詩」、「求文」看似達成宣揚國威的任務，卻苦了申維瀚。他雖然經由官方接待，吃喝玩樂一應俱全，就連遊覽富士山都是日方派人「抬轎子上去」。但是，應接不暇的「文債」彷彿扎在心頭上的一根刺，揮之不去。這些乞求詩文的日本人時常擠在使節團的住處，從白天到黑夜。這給製述官申維瀚帶來許多壓力，畢竟他來到日本的工作，就是專門寫詩文歌賦的。

一七一九年冬天，朝鮮使節團行至京都附近的吉田，或許有幾個人得以四處閒晃觀光，不過申維瀚已無暇欣賞風景，因為令人苦惱的文債不斷累積，他有時一天就得揮毫數百幅字才能交差。最終，甚至無法安心入眠，幾個通宵熬夜，只為了寫出應付日本人的漢詩。

可以想見，那一夜萬籟俱寂，冬令時節帶來些微寒氣，使者徹夜未眠。

---

8 「求得我國詩文者，勿論貴賤賢愚，莫不仰之如神仙，貨之如珠玉，即舁人廝卒目不知書者，得朝鮮楷草數字，皆以手攢頂而謝。」出自申維瀚，《海游錄》，頁二六五。

沒有共識的共識：藏在外交辭令裡的戰爭

外交場合像是由無數「禮儀」交織而成的圖像，每一張都是精緻的盛大演出。參與者無不露出開朗的笑容，一切是那麼地準確、到位。當我站在遠離外交場合的對岸，與彼端的那一小段距離，彷彿產生一種美感。它掩蓋了外交過程的種種折衝、談判、討價還價，以及時有時無的爭吵。違和感在雙方握手、交換禮物之間，完成禮儀的那一刻，煙消雲散。

雖然時常閱讀朝鮮人到北京的日記，姑且稱得上是廣義的「外交文獻」，牽涉到不少「禮儀」，我卻對此一直沒有那麼理解，或應該說：「我沒辦法理解」。

朝鮮使節抵達北京，按例由中國官方款待，如接風洗塵有「下馬宴」，即慰勞朝鮮人風塵僕僕而來，在他們下馬後的賜宴。緊接著的是一連串的「朝廷禮儀演練」（古稱演儀、習儀），教朝鮮人各種宮廷禮儀，以免他們在朝見皇帝時出糗。諸如此類的「繁文縟節」，基本上可以總結我對外交、禮儀的看法：它們像是例行的事件一樣飄過眼，而我不曾深究其意義。

直到最近，翻閱朝鮮人到日本的日記、報告書，它像是美術館導覽員的解說，為我點出畫裡的秘密。數百年前的外交禮儀如果那般無趣、沒有意思，當時各國的謹慎遵守與錙銖必較，不就顯得毫無意義？事實是，如果我僅僅將目光擺在外交禮儀上，諸如朝鮮人拜見官府的次序、雙方的稱謂用語，只在乎這裡頭的名堂，卻不認真思考背後的涵義與雙方的用心，則永遠無法說出禮儀在古代的定位。

本文旨在述說橫亙日本、朝鮮兩國之間的「外交禮儀」、「外交工作」，它像是經過層層包裝的祭典，每一處的細節都揭示了雙方的角力與企圖。我們只需要稍稍站得遠一點，就能看見他們爭吵的原因，在那雙方模糊的外交空間裡，體會一點點古代外交工作的意義。

◆◇◆

這個故事得從一封信開始說起。

江戶時代（一六〇三－一八六七），朝鮮向日本派遣使節，通常是為了慶賀新的「將軍」（征夷大將軍）即位，這在當時被稱為「襲職」，也就是新的政治領導人就職。江戶時代雖然在名分上有「天皇」存在，但只是一個虛位元首，實質統治的權力掌握在德川家手上，江戶的幕府將軍才是政治中心。朝鮮作為日本的鄰居，雙方派遣使節相互問好，實屬意料中事。

一七〇九年，江戶幕府第五代將軍德川綱吉（一六四六－一七〇九）去世，同年新的將軍德川家宣（一六六二－一七一二）襲職。在家宣就任的隔年，日本透過專職負責「朝鮮外交事務」的對馬藩邀請朝鮮派遣使節來日，恭賀新將軍的誕生。就在雙方處於磋商的階段，一七一一年，對馬島藩主宗義方（一六八四－一七一八）特地給朝鮮官員寫了一封信。信中內容很簡單，日方希望朝鮮使節依

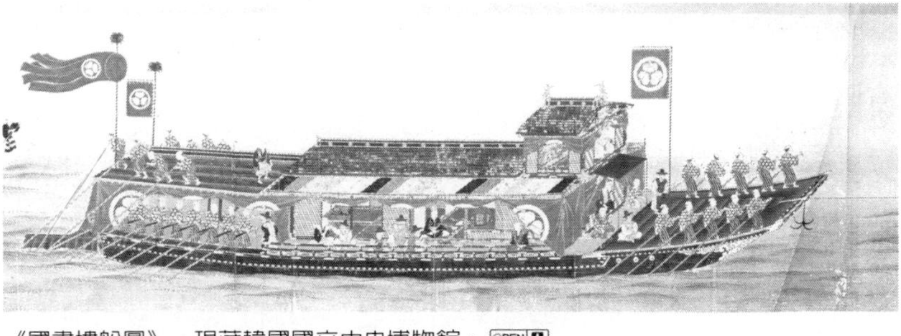

《國書樓船圖》，現藏韓國國立中央博物館。

例帶來的「國書」，能夠稱德川家宣為「日本國王」。

在繼續深入這個問題之前，我們先簡單談談甚麼是「國書」。如果各位還記得申維瀚（一六八一－一七五二）的故事，他作為「製述官」前往日本寫詩，整個使節團統稱為「朝鮮通信使」。

為什麼叫做「通信使」？因為使節最重要的工作就是「送信」，也就是將朝鮮國王的信通傳到幕府將軍眼前，而這封出自國王意旨的信被尊稱為「國書」。我們時常可以從當時的繪畫作品中，一窺朝鮮使節團多麼重視國書。國書代表著國王，因此即使只是薄薄的一張紙，需要出動八人扛轎「抬著走」。

朝鮮國王寫信給幕府將軍，裏頭的用詞遣字可以說是「字字斟酌」，因為稍一不慎就可能「落下風」。不論是行文的語氣，或是格式都要求「對等」，至少不能讓自己受委屈。如此想來，對馬島主宗義方要求朝鮮方面稱德川家宣「日本國王」，可以說是一個很大的變動。

朝鮮國王剛得知這個請求時，當下的反應是：「原本我們叫幕府將軍『大君』，已經七十七年了，怎麼現在又要改成國王。現在我們正在磋商階段，突然就來這一招，跟之前臨時更改禮品的事情比起來，完全不能比。這必須嚴厲的回應，先請有關單位討論一下。」[1]

在此之前，朝鮮國書稱呼幕府將軍「日本國大君殿下」，日方突然要求改為「日本國王」，一來是不知為何改動，二來是這樣的稱呼，會不會破壞了「和諧」呢？

外交場合中，每個人的「稱謂」都是有學問的，為了保持對等，要盡量尋求共識，剔除上對下、有主從關係的用詞，避免損害國家的尊嚴。如果我喊你日本國王，你說我是朝鮮小老弟，那朝鮮不就向日本「稱臣」了嗎？通信使既然是外交工作的產物，雙方你來我往的角力，爭取國家的「面子」，是理所當然的份內事。

奇怪的是，一七一一年，幕府將軍怎麼想當「日本國王」了？更重要的是，難道他不是嗎？

顧名思義，「國王」就是一國之君，政治的中心，對外的代表。自從德川家康取代豐臣家，統一日本，承襲「征夷大將軍」的名號之後，稱自己「國王」是極為正常的。因此日本與朝鮮的往來，一直都是「幕府將軍」與「朝鮮國王」之

1 「大君之稱，已至七十七年之久，而請復之說，猝發於意外，此非向日禮單之比。不可不嚴辭峻斥，令廟堂稟處。」出自《朝鮮王朝實錄》，肅宗三十七年五月二十五日，癸丑條。

間的事情，雙方都是各自的最高領導人。

然而，朝鮮國王明白地說：「大君之稱，已至七十七年之久」，也就是說在一七一一年之前的七十七年，朝鮮國書上一直稱幕府將軍「日本國大君」，而不是「日本國王」。顯然在對外的稱呼上，德川家覺得征夷大將軍的簡稱「將軍」，不是那麼對等，於是採用了「大君」。畢竟在當時的清朝、朝鮮，「將軍」不過就只是中階的武職，你跑到清朝說我是日本將軍，沒有人覺得你重要到代表一個國家。

相形之下，「大君」就不同了，典故出自《易經》「大君有命，開國承家」之語，意思就是君王。如果還記得駱賓王（六四〇－六八四）那篇著名的〈為徐敬業討武曌檄〉，裏頭有一句就是奉勸各地諸侯「共立勤王之勳，無廢大君之命」，鼓舞大家起兵勤王，不要忘掉唐朝天子了。大君在中國、日本的語義，皆指向最大的君：君王。

同時，根據日本學者池內敏的研究，他強調日方使用「大君」還有一層涵義，典故出自「大樹源君」。簡單地說，日本最尊貴的血統世系是天皇一脈，而源家與此有關，德川家自稱大樹源君，就是藉此抬高自己的出身，這是大君的第二層涵義。

問題是這套看似合理的邏輯，一面對朝鮮就不那麼名正言順。熟悉韓國古裝劇的朋友對「大君」一詞估計頗感親切，但絕對不會聯想到「國王」。在朝鮮的語境裡，「大君」指的是「嫡子」，是朝鮮國王的小孩。因此對朝鮮來說，「日本國大君」能夠有不同的解釋，他們派遣使節去日本，就像是「上國」出巡，畢竟朝鮮的漢文化較高，連名分上也佔了點便宜。

日本人當然不是這麼想的，他們也想在這個「看似對等」的槓桿上，極大化自己的利益。對日本而言，朝鮮人是「來朝」、「來聘」，他們是入貢，這從當時日方繪製的圖畫，名稱是「來朝圖」、「來聘圖」，就能知悉日方的心態。在當時的外交慣例，先向對方送國書，或者是提出邀約，就代表著臣服，氣勢自然也就弱了一階。因此日本與朝鮮的外交工作，從來就不是「幕府將軍」vs.「朝鮮國王」，一直都由對馬島主擔任中介。

對馬島負責傳遞國書，與朝鮮磋商外交事宜，免除不少尷尬。對德川家來說，對馬島主就是他的臣下，請他處理這件事情很正常，而且由「對馬島」聯繫「朝鮮國」，不就代表朝鮮國的等級跟對馬島一樣嗎？同樣的，對朝鮮來說，每次送出邀約的都是日方，是人家先邀請我，朝鮮不是占了上風嗎？

大家都在看似對等和諧的畫面中自我安慰，利用著一塊模糊地帶，宣稱那裏是屬於我們的。

那麼，「日本國王」是一道解藥嗎？

一七一一年，德川家宣即位不久，他聽從謀臣新井白石（一六五七－一七二五）的建議，對外改稱日本國王，不再使用日本國大君的名號。新井白石的邏輯簡單明瞭，「大君」的意思既然是君王，那日本名義上的君王是「天皇」，這樣等於冒犯天皇。為了解決這個問題，天皇就當名義上的主，德川家當政治上的主，因此直接稱「國王」才是最適切的。

新井白石的主張在日本引起軒然大波，反倒是在朝鮮，這個爭議很快地結束。朝鮮官員向國王表示：「今天日本自己稱王與否，不是我們能夠控制的，現在知道他稱王了，那麼國書上就寫日本國王，也沒關係。」[2] 朝鮮國王也順從了，於是這事在朝鮮基本上沒甚麼影響。

朝鮮接受改動是有原因的，具體說起朝鮮的外交工作有二，一是與中國相處，也就是「事大」；一是與日本交往，則稱為「交鄰」。鄰居相交的原則就是誠信對等，日本國王、朝鮮國王兩相平行，沒有吃虧與否的問題。我們不可以

2 「今之自王，非我所能禁，而知其稱王，則改送國書，固無所妨。」出自《朝鮮王朝實錄》，肅宗三十七年五月二十七日，乙卯條。

忘記，當時東亞列國的秩序是以中國為中心的「朝貢冊封體系」，不論是明朝還是清朝的時代，朝鮮國王都經由中國冊封。換句話說，朝鮮國王頭上還有個「皇帝」，日本改稱國王，對他們來說就是回到這個「朝貢體系」罷了，朝鮮的地位不受影響。

在當時如果想去大明貿易，與大明交往，就得買票入場（勘合），成為「朝貢體系」的會員。日本國王是有前例的，明成祖朱棣（一三六〇—一四二四）就曾冊封足利義滿（一三五八—一四〇八）為日本國王。後來壬辰倭亂期間，明、日兩國也曾經一度幾乎講和，其中一條就是冊封豐臣秀吉（一五三六—一五九八）為日本國王。[3]德川家執政後，一度遵循日本國王的用法，後來因為各種原因而改為大君。[4]

日方使用「大君」就是希望脫離這個系統，獨立自主，不受中國影響。我們能看到日方試圖突破，卻處處受到箝制的尷尬處境。如果稱大君，一來對朝鮮有點吃虧，二來與天皇有所衝突。如果稱國王，那麼代表回到中國的世界秩序裏頭嗎？

3 冊封詔書原件現藏大阪歷史博物館。

4 如柳川一件，請參考：仲尾弘，《朝鮮通信使》，頁二十六—二十九、六十九—七十一。

關鍵一直在心態：日本始終不認為自己是中國的臣子。對於朝鮮更是如此，姑且不論古代傳說日本神功皇后征服朝鮮半島，近一點也有豐臣秀吉出兵征韓，朝鮮在某些日本人心中：「本來就是我們的」，而且貧弱可欺。因此朝鮮通信使來日本，被視為來聘，朝鮮帶來的禮物被理解為「特地獻上地方特產」（土物）。朝鮮人的造訪，等於替幕府將軍進行政治宣傳，藉此展示德川家的權勢，好讓其他地方諸侯（大名）知道：我在外面頗具威望，你看朝鮮人都來了。

問題就在這塊模糊的灰色地帶，大家都想插旗爭勝。名為「誠信」、「對等」，所以沒有一方願意吃虧，卻都想佔盡便宜。結果是憑藉著一塊模糊的外交空間，朝著對自己有利的地方「發揮」；一個出使，各自表述。

朝鮮使節認為日本沒有文化，看不起他們的儒學、漢文學，於是每到一處就譏笑日本人的漢詩能力低下，談到自己就說「明朝滅亡之後，我就是繼承漢文化的第一人。」（我獨為東周）。日本人也輕視朝鮮人，朝鮮來日本是為了拜見將軍，日本才是中心，所以「外夷」來朝。

重大的歷史事件、相互較勁的文化意識，兩者像是隨時能夠引爆的炸藥，像是一把抵在使節背後的刺槍，雙方都有不能後退的立場。於是看似平等和諧的外交場合如同戰爭，國書裏頭的稱謂、幾里外下轎步行的規矩，裏頭沒有誠信，卻樣樣高呼對等的口號。

一七一一年，朝鮮依約派出通信使，使臣趙泰億（一六七五－一七二八）、任守幹（一六六五－一七二一）一行人風塵僕僕，剛落腳對馬島不久，日方高層隨即請對馬島主「轉達」朝鮮使者，希望更動這次的許多禮儀。朝鮮使節還沒搞清楚狀況，出於本能地幾次拒絕：「此事既非前規，且在節目講定之後，未及稟定於朝廷，決難之。」[5]

後來朝鮮、日本兩國因為「國書」發生爭執，兩派人馬在每天「光鮮亮麗」的外交場合後，捲起袖子，板起臉孔，義正詞嚴地相互抗議。任守幹的《東槎日記》寫下了這段故事，當時他們認為日方給朝鮮國王的國書觸犯忌諱，要求重寫，並說：「未改之前，有死而已」，[6] 又說：「未改之前，絕無歸國之理。」[7] 堅持不肯退讓。

日方一開始先好言勸說，後見毫無效果，最終收起笑臉，丟下一句：「使道

5 任守幹，《東槎日記》，頁一七六。
6 任守幹，《東槎日記》，頁一九一。
7 任守幹，《東槎日記》，頁一九二。

雖不畏死，失歡敗盟之後，兩國無辜生靈，將入於塗炭，豈不念及於此乎？」[8]戰爭是恫嚇敵人的最佳工具。

形勢比人強，畢竟江戶是日本人的地盤，任守幹一行共四百八十一人還是沒能堅持，選擇離開。當他們歸國後，遭到朝鮮官員極力攻擊，罪名是他們沒能在千里之外堅守國家的尊嚴，[9]懲處是使臣、翻譯官全都罷官，有的被流放，有的則是勒令返鄉。

◆◇◆

我們可以輕易地為這個故事下結論，日本人真是太可惡了，突然改變禮儀，國書犯了忌諱又不改。那些朝鮮使節也真沒骨氣，奉命出使就代表國家，稍有損害朝廷體面的事情，就該據理力爭，有死而已。

8 任守幹，《東槎日記》，頁一九四。

9 「人臣奉命出疆，少有難處之端，則隨機應變，善為周旋，不然則死生以之，期於埋骨，事理當然」。出自《朝鮮王朝實錄》，肅宗三十八年二月七日，庚申條。

但是，如果我們嘗試站得遠一點，再遠一點，我們能看到支撐著雙方對抗的力量與歷史淵源。

朝鮮自從壬辰倭亂之後，對日本有著極大的仇恨，通信使的出航像是另類的復仇。他們選拔最好的馬術專家、畫家、文學家、弓箭手，在日本國土上喧騰著精美的大鼓，穿著雅致的大明衣冠，這不只是為了展示最好的儀容，同時也是宣告自己比較有文化。

日方也有自己的企圖，他們想擺脫中國的朝貢體系、華夷秩序，新井白石的改革想解決幕府將軍、天皇之間的名分矛盾。日本想要擁有屬於自己的世界規則，而且證明「它可以運作」。（當時反對新井者也不在少數，後來也確實改回大君）

雙方都有所堅持，都有各自的歷史陳因，於是引發這場禮儀糾紛。值得注意的是，仔細聆聽每一個人的發言，我們難以聽到「個人」的聲音。在外交場合，國家的力量在每一個人身上放大，言詞上的針鋒相對使得畫面張力十足，像是一張力量滿盈的弓，弦隨時可能斷掉。

有沒有可能緩解衝突？有沒有那麼一點的可能，有一個更好的結局？

一七一九年，朝鮮又派遣了一次通信使，使臣申維瀚始終瞧不起沿路接待的日本人。旅行的最後，他曾與著名的日本儒者雨森芳洲（一六六八－一七五五，通韓文）有一段談話。我們可以想像，芳洲鼓起勇氣，慢步湊近申維瀚身邊，他先是說：「吾有所懷，欲乘間言之」，接著才緩緩說道：「竊觀貴國人所撰文集中語及敝邦者，必稱倭賊、蠻酋，醜蔑狼藉，有不忍言者。」[10]

雨森芳洲平時穿著儒服，對漢文化有所嚮往，又精通韓文，自然與朝鮮使臣有不錯的交情。[11]在這個場合，他說出了自己的想法。雨森芳洲希望「對等」、「誠信」的外交關係，能夠從片面的承諾，達成實質的履行。

申維瀚是這樣回答他的：「平秀吉為我國通天之仇，宗社之恥辱，生靈之血肉，實萬世所無之變，為我國臣民，誰不欲臠而食之，所以上自荐紳，下至厮隸，奴之賊之，語無顧藉，發於文章者，固當如此。」[12]

雨森芳洲看申維瀚如此「義憤填膺」，知道也沒法再說下去，轉而提及：「你這樣說當然沒錯，不過你們都喊我們『倭人』，這也不是我們喜歡的稱呼方

10 申維瀚，《海游錄》，頁三八〇。

11 雨森芳洲、新井白石的「朝鮮觀」迥異，簡單地說，新井白石是輕視朝鮮的，雨森芳洲則主張和平交往，平等對待。關於二人的朝鮮觀，請參閱上垣外憲一，《雨森芳洲》，頁一二九－一三三。

12 申維瀚，《海游錄》，頁三八〇。

式。」他誠摯地繼續說道：「今後則願飭下輩，呼我以日本人可矣。」[13]最終，申維瀚沒有答應，此後的朝鮮人也是繼續稱呼日本人「倭人」。

至今，我從未從事過外交工作，也沒有一次需要向別人澄清「如何稱呼我」。但是我能想像身穿儒服的雨森芳洲，揣著誠懇的口氣，向朝鮮客人訴說：「可以的話，請叫我日本人」的請求。我希望如果還能有機會，在文字紀錄之外存在一個可能性：雨森芳洲鼓起勇氣，又說了一次自己的想法。這一次申維瀚不急著表達自己的憤慨，宣示朝鮮的大義凜然，他能夠嘗試聆聽雨森芳洲說更多話，並願意稱呼他是一個日本人。

13 申維瀚，《海游錄》，頁二八〇。

後記

在我的認知裡，後記是作者面對讀者的心底話，這沒辦法寫在正文，於是擱於此。我打算向各位讀者交代兩件事情，一是我與朝鮮使者的關係，一是寫作時的構想。

◆　◇　◆

我出生於雲林北港，在臺東市長大，可以說跟韓國、朝鮮八竿子打不著。從小喜歡讀書，但或許跟一般人的認知有落差，其實只是喜歡把書翻開，然後一直翻完，看些漂亮的彩圖。印象非常深刻，就讀小學的時候，母親每週拎著我去文化中心裏頭的圖書館，任由我隨便借幾本書，回家繼續無意義的翻，對，只是翻而已。

年紀漸長，有點閒錢，開始買書，幾乎都是歷史書，或是與歷史有關的漫畫書。當然，我只是一位生活於臺東，極其普通的國中生、高中生，能讀懂甚麼書呢？回憶起那段歲月，買的不外乎都是人物傳記、歷史小說，間或有一些比較困難的學術書。

高中階段，網路書店博客來開張，在臺東這個購書不易、圖書館藏不豐的小地方，這是全新的窗口。於是我買了人生第一批書，當時入手的是包偉民的《宋代地方財政史研究》，梁庚堯的《宋代社會經濟史論集》、《史事、文獻與人物：宋史研究論文集》，以及黃寬重《南宋地方武力：地方軍與民間自衛武力的探討》。看來就讀高中的我，興趣是宋朝，只要有關的書都買，也不管是否能理解。

我很喜歡村上春樹的《身為職業小說家》，讀的時候常有「啊！這就是我嘛！」的感覺。村上認為小說家「大多稱不上是擁有圓融人格和公正視野的人」，「自尊心強、競爭意識也強」，我也會這樣評價自己。

最令我共鳴的是，村上回首求學生涯，表示當時有很多「空隙」，他表示：「傷腦筋的時候，到處都有很多可以逃進去的餘地或空隙之類的地方。」回想起來，就讀高中期間，確實有不少空隙，讓我這個對未來茫然的小大人，藏身其中。

臺東高中的校友都知道，在第三節下課之前，只要去圖書館二樓的簿子登記，中午就不用在教室午休，可以在圖書館看書。我每天都在簿子上寫下姓名、班級、座號，然後期待中午到來。

以地方學校而言，臺東高中的圖書館稱得上頗具規模。傳統歷史文獻基本備齊，也有不少二手研究，當然，我完全都看不懂。中午到圖書館的人不多，基本上就是兩到三人，且是固定班底。這些同學也不全是來看書的，其中一位只是來睡覺，畢竟在教室人太多，這邊則是安靜許多。

我每天都在圖書館晃來晃去，就像小時候一樣，甚麼書都看。看不懂也開心，曾花兩週閱讀《文獻通考》，還是覺得有趣，翻來翻去就覺得新奇刺激。這可能是我愛讀書的原因，花錢買書，父母卻從來沒問過我「書看完了嗎？」他們從沒給我壓力，提醒我花錢買的書要看完。我覺得這增添不少對閱讀的好感，時至今日，我仍覺得閱讀很自由，是隨時可以打開的世界，不喜歡就抽身離去，毫無壓力。閱讀不應該是任務，而是娛樂。

父親常買書送我，我手上的《萬曆十五年》、《中國現代史略》都由父親轉贈，上頭不少他的讀書筆記。父親倘若不是囿於年少時的經濟問題，想必能夠成為傑出的文學人物。

除父母之外，鎮日隨便讀書的我，還受到幾位老師的關心，他們分別是陳嫵羽、李翠萍、查萬富。如果說為什麼要讀歷史系，可以說他們就是關鍵人物吧。三位老師都給我很多機會，上台分享讀書心得，或針對一個專題向同學報告。記得其中一次是談科舉，於是生性容易緊張的我，每天中午都在圖書館找跟科舉有關的書。

意外的是，高中畢業後，我並沒有馬上進入歷史系。國中開始自學圍棋，喜歡中午不睡覺的我，每天下課回家都下網路圍棋，夢想成為職業棋士。畢竟我只喜歡歷史，覺得其他科目都極其無趣（老師，對不起），於是畢業後就去韓國明知大學圍棋學系就讀。

韓國明知大學圍棋系是第一個以「圍棋」為主體的科系，同學都是正式的職業圍棋選手，或者是未能通過職業棋士考試，打算來此進修的年輕人。在明知大學的時光，讓我認識來自各國的圍棋選手，也體認到一件事情，原來我喜歡的還是讀書。

某一天，我躺在宿舍的床舖上，突然驚覺，我應該回臺灣，繼續讀歷史。於是，當天晚上打越洋電話給父母，表達想要回國的意願。幾經波折，那天吵著要出國下圍棋的少年，就這麼回國發憤讀歷史學。雖然惹了很多麻煩，但我始終沒後悔過這個決定。

回到臺灣後，一路讀的都是歷史系，摸的文獻是朝鮮史料，碩士畢業論文寫的是朝鮮使者，後來很幸運出版，也就是《眷眷明朝》。那年去韓國失敗的少年，居然寫的是朝鮮使者，上天冥冥之中或許有安排吧。

經手《眷眷明朝》的編輯是臺師大國文所的學姐，學姊與我是「同行」，研究明清，於是完全不感陌生。《眷眷明朝》出版後，與編輯一次見面，突然提及，是否有興趣寫一本面向非學院讀者的書。當下沒有想太多的我，一口答應，現在想來追悔莫及。

◆　◇　◆

關於如何架構本書，我曾有許多想法，幾經波折，方才定案。此前曾拜讀日本學者宮崎市定（一九〇一－一九九五）的《雍正帝》，深受啟發。宮崎市定是舉世聞名的中國史學者，他利用硃批奏摺寫就《雍正帝》，讀來輕鬆，內容精彩，對我是極大的震撼。寫作本書的目標，是期盼能立基於扎實的史料文獻，盡量呈現「真實」，並詮釋其歷史意義。將此理解為受《雍正帝》影響，當不為過。

我的碩士論文《眷眷明朝》寫的就是朝鮮使者，理論上完成此書應是「輕鬆寫意」，實際上完全相反。首先，寫作期間恰逢服役，每天都只能利用瑣碎的時間工作。服役的生活作息極其正常，早上六點半起床，八點上班，下午五點半下班。一整天下來，返家後往往筋疲力竭。我總勉強打起精神，在用完晚餐後，慢跑一個小時，寫作兩小時，這成為生活的一部分。

其次，雖然寫的是朝鮮使者，但在碩士論文結束後，我早已將注意力轉移到別的題目，許久未碰《燕行錄》。加上本書前二章談壬辰倭亂，本非所長，最後痛下決心，重新將相關史料、二手研究精讀過一次。僅是如此，已然耗費大半時間。

我生性敏感，容易緊張，覺得寫書茲事體大，印行後無法改變，一錯就是永恆，於是萬分小心。拜託臺北友人幫忙借書、印資料，寄到臺東老家，盡力查核出處。我不敢說本書的內容多麼有趣，但敢保證本書的出處皆有根據，絕非杜撰空言。某些段落若沒有史料支撐，也會以「我認為」、「在我眼中」表達，以示區隔，還請各位讀者明察。

寫學術論文跟歷史普及讀物是兩回事，研究生常戲稱，我們「生產」出的論文，讀者不超過二十人，這其實還是「太多」了。相形之下，面向非學院讀者的作品，要超越二十之數，實是輕而易舉。既然如此，怎麼能不謹慎小心呢？

在我的理想中，好的歷史普及書，首先是本故事書。有趣的內容才能引發讀者對歷史的興趣，進而觸及較深層的詮釋。事實上單是正確無誤地述說故事，就是費力氣的事情。其次，故事題材不能僅止於「有趣」而已；我的目標是透過筆下人物，傳達最新的歷史知識，而不是陳舊過時的歷史觀念。

學院裏頭常有一種意見，認為日新月異的歷史研究，少為「外人」所知。因為學術研究有其規範，不論筆法或形式，確實難為一般讀者知悉。因此，自從在網站「故事：寫給所有人的歷史」、「說書Speaking of Books」寫過幾篇文章後，我深深體會歷史學與非學院讀者之間，仍有很多未及開發的空間。

在我看來，歷史普及的最大難題是「簡化」。「過去」是極其複雜的時間漩渦，千頭萬緒，不知如何說起。說故事有賴「簡化」過去，才能勾勒出輪廓。然而過分的簡化，反而損卻歷史學的價值，畢竟歷史研究的魅力，就是需要長時間的閱讀、理解、反芻、批判。求快速成，只會出現你想看的歷史，而不是真正的歷史。

相形之下，本書最大的特色，或許就是盡量「不簡化」。我的預期是呈現「錯綜複雜」、「漣漪外擴」的歷史景象。筆下人物有血有肉，不論對錯，都曾做出重要的抉擇。他們曾親眼見證時代的起落，經歷過人生的高峰與低谷。透過小人物的眼睛，我想述說大時代的故事，彼此交相呼應。在這個「之間」，創造出的感受與體驗，是我最想與讀者分享的部分。

明朝是一個怎麼樣的時代？一次在國家圖書館的講座，我聽到一位老先生舉手發言，不外乎是錦衣衛、黑暗腐敗、皇帝不上朝。這都是真實，但審視歷史的角度不應只是政治觀點，也必須考量經濟、文化。書寫臺灣歷史的人，眼中如果只有藍綠惡鬥、馬王之爭，這理應成為唯一述說當代的方式嗎？如果聚焦於兩廳院售票紀錄、出版業的目錄清冊，是不是別有風景？

從這個角度出發，朝鮮使者其實提供另一種視野，說一個中國史學者既熟悉又陌生的故事。他們筆下的中國充滿魅力，這些熟悉中華經典的「外邦人」，在中國的各種遭遇、言論不僅是有趣而已，更重要的是，讓我們聽到不同的聲音，提醒我們，這也是中國。

透過別人的眼睛，才能發現自己的不一樣。研究中國歷史的學者，利用中國文獻再正常不過。相形之下，來自域外的資料提供新視角，彼此對話，往往能擦出火花。本書企圖捕捉的，就是這個火花吧？這可能是一個「既定歷史認知」排除掉的「可能性」，我就是想描繪這種可能性的各種樣貌。歷史在成為今人理解的「歷史」前，可能千迴百轉，歷經無數試煉；本書的重點不是結局，而是過程。

本書正文六章未曾發表，皆為全新的作品。同場加映的兩篇文章則曾刊登於「故事」，惟經修訂，並改回原擬之標題，特此說明。

最後，還是借用村上春樹的話，關於寫作一事，他曾說「我想其中可能也含有『自我療癒』的意味。因為所有的創作行為或多或少，都含有自我修補的意圖。」對我而言，寫書的生活是上天安排的療癒之旅。睽違十年，我回到家鄉服役，每日陪伴父母，以工作與寫作度過一天。期間，我重新思考許多人事物，尤其是父母早早就寢後，獨坐書房，認真地反芻許多回憶，琢磨著自己是甚麼樣的人、想要當甚麼樣的人，這都是寫作本書期間，額外收獲的禮物。

最後，必須感謝幾位朋友，他們是陳建守、錢云、陳涵郁、陳重方，以及本書的編輯鄭伊庭，沒有他們的協助，同樣無法完成本書。林麗月老師百忙之中撥冗審閱部分書稿，一如以往，指出諸多謬誤，提供寶貴的意見。這像是回到碩士階段，業師總是悉心教導我，希望拙作能入業師法眼。張存武老師是開創中朝關係史的先行者，其《清韓宗藩關係》、《清代中韓關係論文集》至今已是研究者不可不讀的經典。謹以拙作，敬祝張老師九十歲榮壽之喜。Emery學長筆耕不輟，長期共事，其文采與用心有目共睹，能獲一言，至為感念。我曾忝列「故事」的編輯委員，與多位學有專精的編輯共事，必須感謝豐恩學長、建守學長邀請我加入。得蒙學長們推薦拙作，對我別具意義。

寫作期間有賴父母悉心照料，服役期間不僅讓我成功增胖十四公斤，一遂二老心願，也完成本書，他們是最大的功臣，謝謝您們。筆者學力有限，尚祈方家不吝指正，謹以此為記。

二〇一七年二月二十六日　草於臺東市康樂橋堤坊下的老家

二〇一七年五月二十二日　修訂

＊二刷補記：拙作出版後，感謝劉序楓、張大春、蔣竹山諸位老師指正，二刷已訂正若干訛誤，謹申謝忱。

主要登場人物

*各分類的排序按登場先後，名稱按書中首次出現的稱呼

使者

鄭崑壽（一五三八－一六〇二）

本貫清州，朝鮮官員。壬辰倭亂期間，他奉命擔任請兵陳奏使，前往明朝，說服明朝官員派兵援救朝鮮。

吳億齡（一五五二－一六一八）

朝鮮官員，曾多次出使明朝。

洪純彥（生卒年不詳）

朝鮮翻譯官，隨鄭崑壽前往中國，期間與明朝官員多方交涉。

施允濟（生卒年不詳）

朝鮮官員，與鄭崑壽一同出使，擔任使節團的副使。

鄭澈（一五三六－一五九三）

本貫延日，在朝鮮國內以文學聞名，於壬辰倭亂期間出使中國。

柳思瑗（一五四一－一六〇八）

本貫文化，壬辰倭亂期間擔任急告奏聞使的書狀官，後因功封為功臣。

權挾（一五四二－一六一八）

壬辰倭亂末期出使中國。

趙憲（一五四四－一五九二）

本貫白川，朝鮮官員，於萬曆二年出使中國，後死於倭亂。

魚叔權（生卒年不詳）

活躍於嘉靖年間（一五二二－一五六六），曾七次出使中國。

權撥（一四七八－一五四八）

朝鮮官員，曾於嘉靖十八年（一五三九）出使中國。

許篈（一五五一－一五八八）

朝鮮官員，他同趙憲一起出使大明，擔任書狀官。

金堉（一五八〇－一六五八）
朝鮮官員，最後的朝天使者。

李晚榮（一六〇四－一六七二）
朝鮮官員，最後的朝天使者。

鄭斗源（一五八一－一六四二）
朝鮮官員，曾於明末出使中國。

閔鎮遠（一六六四－一七三六）
朝鮮官員，曾於康熙五十一年（一七一二）出使中國。

李濬（一六二二－一六五八）
朝鮮王子，父親為朝鮮仁祖李倧。

成以性（一五九九－一六六四）
朝鮮官員，曾擔任書狀官出使中國，與李濬是第一批派往清國的使者。

李惕然（一五九一－一六六三）
朝鮮官員，曾擔任書狀官於順治五年（一六四八）出使中國。

李德懋（一七四一－一七九三）
朝鮮官員，著名的學者，曾擔任奎章閣檢書官，並於乾隆年間出使中國。

徐浩修（一七三六－一七九九）
朝鮮官員，曾擔任奎章閣檢書官，並於乾隆年間出使中國。

李宜顯（一六六九－一七四五）
朝鮮官員，曾於康熙六十年（一七二一）出使中國。

姜浩溥（一六九〇－一七七八）
極度思念明朝的朝鮮讀書人，伊始甚至不願意食用清國的豬肉。

韓德厚（一六八〇－？）
朝鮮官員，曾於雍正年間出使中國。

趙顯命（一六九〇－一七五二）
朝鮮官員，曾於乾隆年間出使中國。

洪大容（一七三一－一七八三）
著名的朝鮮燕行使，他在北京期間結識三位中國讀書人，成為終生的莫逆之交。

裴三益（一五三四－一五八八）
朝鮮官員，曾於萬曆十五年（一五八七）出使中國。

朴趾源（一七三七－一八〇五）

著名的朝鮮燕行使，他隨堂兄朴明源（一七二五－一七九〇）出使中國。

得龍（生卒年不詳）

活躍於乾隆年間，本貫嘉山，自小來往中國、朝鮮，兼做買賣，負責處理使行團大小事務。

李基聖（生卒年不詳）

一七六五年朝鮮使節團的隨行軍官，在北京尋覓眼鏡時偶遇嚴誠、潘庭筠。

洪檍（一七二二－一八〇九）

朝鮮官員，一七五三年文科狀元，一七六五年擔任書狀官出使中國，洪大容的叔父。

李器之（一六九〇－一七二二）

朝鮮燕行使，曾於康熙五十九年（一七二〇）出使中國。

李睟光（一五六三－一六二八）

朝鮮官員，曾於萬曆三十一年（一六〇三）出使中國。

君王

萬曆皇帝（一五六三－一六二〇）

明朝第十四代皇帝，萬曆是其年號，又稱明神宗，本名朱翊鈞。他任內有著名的萬曆三大征，其中之一就是出兵朝鮮，抵抗日本入侵，史稱壬辰倭亂。

豐臣秀吉（一五三七－一五九八）

日本戰國時代大名，位至關白。他在晚年一手挑起壬辰倭亂，在戰事尚未結束之前離世。

李昖（一五五二－一六〇八）

朝鮮王朝第十四代國王，朝鮮宣祖。在其任內，黨爭加劇，又遭逢日本入侵，可以說不是一位太平君王。

努爾哈齊（一五五九－一六二六）

金朝的創立者，他成功整合部落，成為能夠威脅明朝的競爭者。

皇太極（一五九二－一六四三）

努爾哈齊之子，繼承大金，並在任內改國名為清。他兩次出兵朝鮮，第一次與朝鮮約為兄弟之國，第二次則是確立清國的宗主地位。

李自成（一六〇六－一六四五）

明朝末年的民兵領袖，最終打敗明軍，入主紫禁城。

朝鮮仁祖（一五九五－一六四九）

朝鮮王朝第十六代國王，名李倧，在位期間遭遇明清鼎革。

崇禎皇帝（一六一一－一六四四）

明朝末代皇帝，本名朱由檢。一六四四年，李自成率兵攻入北京城，崇禎皇帝自縊於煤山，史家通常將此視為明朝滅亡。

朝鮮正祖（一七五二－一八〇〇）

朝鮮王朝史上著名的君王，本名李祘，他與祖父英祖兩人，並稱英正時代。

雍正皇帝（一六七八－一七三五）

清朝入關後第三任皇帝，本名愛新覺羅胤禛。他勤政愛民，同時強化專制體系，是備受史學家矚目的皇帝。

朝鮮孝宗（一六一九－一六五九）

朝鮮王朝第十七代國王，本名李淏。他曾在瀋陽擔任人質，歸國即位後提倡反清，召集不少心同此念的臣子，計畫北伐清國。

朝鮮英祖（一七二四－一七七六）

朝鮮王朝著名的國王，本名李昑。他在位五十二年，與孫子正祖治下的朝鮮，被稱為朝鮮文藝復興的時代。

永曆皇帝（一六二三－一六六二）

南明皇帝，本名朱由榔，他是最後以明為國號的朱姓皇帝。

將領

李舜臣（一五四五－一五九八）

朝鮮將領，著名的海戰英雄，數次以少勝多，扭轉劣勢的英雄人物。

李如松（一五四九－一五九八）

明朝將領，遼東人，長期鎮守邊疆。壬辰倭亂期間，他奉命領兵前往朝鮮，戰果豐碩，令朝鮮君臣欽佩不已。

小西行長（？－一六〇〇）

日本戰國時代大名，壬辰倭亂的主要將領。

加藤清正（一五六二－一六一一）

日本戰國時代大名，壬辰倭亂的主要將領。

祖承訓（生卒年不詳）

明朝將領，曾領兵支援朝鮮，可惜因為兵馬人數懸殊而敗北。

宋應昌（一五三六－一六〇六）

明朝官員，主導壬辰倭亂期間明朝軍事戰略的重要人物，曾擔任朝鮮經略。

權慄（一五三七－一五九九）

朝鮮將領，他是壬辰倭亂期間，少數能夠以少勝多，在野戰打敗日軍的將領。

楊元（？－一五九八）

明朝將領，跟隨李如松前往朝鮮，後因丟失南原城，斬首處刑。

楊鎬（？－一六二九）

明朝將領，曾擔任朝鮮經略，主持戰局，以清廉、治軍嚴謹，頗受朝鮮君臣好評。

劉綎（一五五八－一六一九）

明朝將領，曾參與平定倭亂。

李如柏（一五五三－一六二〇）

明朝將領，曾參與平定倭亂。

李成梁（一五二六－一六一五）

明朝著名將領，他是李如松、李如柏的父親。

袁崇煥（一五八四－一六三〇）

明朝將領，明朝晚期少數能夠對抗清軍的軍事人物。

王盛宗（生卒年不詳）

明朝將領。

王平（生卒年不詳）

明朝將領。

洪承疇（一五九三－一六六五）

明朝、清朝官員，他才兼文武，兩朝都位極人臣，也因此備受衷懷明朝的人批評。

戚繼光（一五二八－一五八八）

明朝將領，以對抗倭寇頗有成效著名。

學者

李滉（一五〇一－一五七〇）

朝鮮著名的儒者，致力發展朱子學，今日韓國千元紙鈔上的肖像即是李滉。

藤原惺窩（一五六一－一六一九）

日本儒者，姜沆與藤原惺窩交流學問，是戰爭意外帶來的饋贈。

朴世茂（一四八七－一五六四）

朝鮮士人，曾編纂一本教育兒童的教材《童蒙先習》。

李萬運（一七二三－一七九七）

朝鮮士人，《紀年兒覽》的編纂者，主張朝鮮人應該重視朝鮮歷史。

官員

石星（？－一五九九）

明朝官員，壬辰倭亂期間擔任兵部尚書，初期主戰，後來轉而主和，最後死於獄中。

許弘綱（一五五四－一六三八）

明朝官員，曾擔任南京兵部尚書，反對出兵朝鮮。

李禎（生卒年不詳）

明朝官員，壬辰倭亂期間擔任兵部侍郎。

陳屏山（生卒年不詳）

明朝官員，協助魯認逃離日本。

李源登（生卒年不詳）

明朝官員，協助魯認逃離日本。

李光庭（一五五二－一六二七）

朝鮮官員，倭亂期間負責轉運物資，曾於一六〇二年出使中國。

金尚憲（一五七〇－一六五二）

本貫安東，朝鮮官員，他是堅決反對與清國建交的人，最終被告發與大明勾結，被清人帶走，死於瀋陽。

柳成龍（一五四二－一六〇七）

朝鮮官員，壬辰倭亂期間曾擔任領議政，相當於行政院長。他在戰爭結束之後，撰寫《懲毖錄》，是今日研究這場戰爭的必讀史料。

宋應星（一五八七－一六六六）

明朝官員，以擅長科學聞名於後世。

姜逢元（生卒年不詳）

明朝官員，官至禮部尚書，頻頻勒索朝鮮使者。

張居正（一五二五－一五八二）

明朝官員，內閣首輔，在任期間改革朝政，成效頗著。

宋時烈（一六〇七－一六八八）

朝鮮官員，著名的儒學家，也以思明、反清為人所知。

金鍾厚（一七二一－一七八〇）

朝鮮官員，本貫清風，自小即以文學聞名，因其追求權力為後世史學家詬病。

李玄錫（一六四七－一七〇三）

朝鮮官員，後上表乞退，專心編纂明朝歷史書《明史綱目》。

徐命膺（一七一六－一七八七）

朝鮮官員，主張朝鮮修明史的提倡者之一。

徐光啟（一五六二－一六三三）

明朝官員，重視基督宗教，利瑪竇的好友，一起翻譯《幾何原本》。

李之藻（一五七一－一六三〇）

明朝官員，重視基督宗教，利瑪竇的好友，一起編譯《同文算指》、《新算法書》。

俘虜

魯認（一五六六－一六二二）
字公識，號錦溪，有《錦溪集》傳世。他於壬辰倭亂期間，被日軍俘虜，後經明朝官員協助，逃至福建，最終順利返鄉。

徐景春（生卒年不詳）
朝鮮士人，與魯認同樣被擄至日本九州。

奇孝淳（生卒年不詳）
朝鮮民人，與魯認一起逃離日本。

鄭東之（生卒年不詳）
朝鮮民人，與魯認一起逃離日本。

風石（生卒年不詳）
朝鮮民人，與魯認一起逃離日本。

姜沆（一五六七－一六一八）
本貫晉州，倭亂期間被俘虜至日本，他結識日本儒者，傳播朱子學，最終順利返國。

大明處士

許格（一六〇七－一六九〇）
朝鮮士人，終身為明朝守節，不再求取功名。

鄭栻（一六八三－一七四六）
朝鮮士人，終身為明朝守節，不再求取功名。

郭瀏（一五九七－一六七一）
朝鮮士人，終身為明朝守節，不再求取功名，一意寫作《皇明記略》、《春秋解義》。

筆談者

常玉琨（生卒年不詳）
自稱是常維春的後代，漢人。

嚴誠（一七三二－一七六七）
乾隆三十年舉人，與洪大容筆談時三十五歲，杭州府仁和縣人。

潘庭筠（一七四二－？）

乾隆三十年舉人，乾隆四十三年進士，錢塘縣人。歷任翰林院編修、文淵閣校理、國史館纂修、陝西道監察御史。

傳教士

利瑪竇（Matteo Ricci，一五五二－一六一〇）

著名的傳教士，他在明萬曆年間抵達中國，結識明朝官員，宣傳教義。

徵引書目

古籍史料

《明神宗實錄》，臺北：中央研究院歷史語言研究所，一九六二。
《通文館志》，首爾：首爾大學校奎章閣韓國學研究院，二〇〇六。
申維瀚，《海游錄》，收入復旦大學文史研究院編，《朝鮮通信使文獻選編》（上海：復旦大學出版社，二〇一五），冊三。
任守幹，《東槎日記》，收入復旦大學文史研究院編，《朝鮮通信使文獻選編》（上海：復旦大學出版社，二〇一五），冊三。
成以性，《乙酉燕行日記》，收入《燕行錄全編‧第二輯》（桂林：廣西師範大學出版社，二〇一二），第一冊。
朱文藻編，《日下題襟合集》，收入北京大學圖書館編，《北京大學圖書館藏朝鮮版漢籍善本萃編》（重慶：西南師範大學出版社，二〇一四），冊十。
朴世茂，《童蒙先習註解》，首爾：出版社不詳，臺灣大學圖書館藏書，二〇一一。

朴趾源，《燕巖集》，東京：早稻田大學圖書館藏光武四年（一九〇〇）序刊本。

朴趾源著，朱瑞平校點，《熱河日記》，上海：上海書店出版社，一九九七。

吳乘權等輯，《綱鑑易知錄》，北京：中華書局，二〇一四。

吳道一，《丙寅燕行日乘》，收入《燕行錄全集》（首爾：東國大學校出版部，二〇〇一），冊二十九。

宋應星，《天工開物》，收入《續修四庫全書》（上海：上海古籍出版社，一九九五－一九九九），子部譜錄類，冊一一一五。

李濬，《燕途紀行》，收入《韓國漢文燕行文獻選編》（上海：復旦大學文史研究院，二〇一一），冊八。

李玄錫，《明史綱目》，上海：上海圖書館藏朝鮮一七〇三年序刊本。

李玄錫，《游齋先生集》，收入《韓國文集叢刊》，冊一百五十六，首爾：民族文化推進會，一九九七。

李田秀，《入瀋記》，收入《燕行錄全集》（首爾：東國大學出版部，二〇〇一），冊三十。

李宜顯，《庚子燕行雜識》，收入《韓國漢文燕行文獻選編》（上海：復旦大學文史研究院，二〇一一），冊十一。

李泰壽、李壽彝，《尊周錄》，東京：早稻田大學藏朝鮮抄本。

李晚榮，《雪海遺稿》，收入《韓國文集叢刊・續》（首爾：民族文化推進會，二〇〇六），冊三十。

李萬運，《紀年兒覽》，波士頓：哈佛大學燕京社藏朝鮮刻本。

李德懋，《入燕記》，收入《燕行錄全集》（首爾：東國大學出版部，二〇〇一），冊五十七。

谷應泰，《明史紀事本末》，北京：中華書局，二〇一五。

金堉，《朝京日錄》，收入《韓國漢文燕行文獻選編》（上海：復旦大學文史研究院，二〇一一），冊七。

金鍾厚，《本庵集》，收入《韓國文集叢刊》（首爾：民族文化推進會，一九九九），冊二三七。

姜沆，《看羊錄》，收入《海行摠載》（首爾：民族文化推進會，一九六六），第二輯。

姜浩溥，《桑蓬錄》，收入《韓國漢文燕行文獻選編》（上海：復旦大學文史研究院，二〇一一），冊十四、十五。

柳成龍，《懲毖錄》，收入《域外漢籍珍本文庫・第三輯》（重慶：西南師範大學出版社，二〇一二），史部第八冊。

柳思瑗，《文興君控于錄》，收入《燕行錄續集》（首爾：尚書院，二〇〇八），冊一〇二。

洪大容，《湛軒書・外集》，收入《韓國文集叢刊》，冊二四八，首爾：民族文化推進會，二〇〇〇。

洪大容，《湛軒燕記》，收入《燕行錄全集》（首爾：東國大學出版部，二〇〇一），冊四十二。

洪大容、李德懋著，鄺健行點校，《乾淨衕筆談・清脾錄——朝鮮人著作兩種》，上海：上海古籍出版社，二〇一〇。

徐命膺，《保晚齋集》，收入《韓國文集叢刊》，冊二三三，首爾：民族文化推進會，二〇〇一。

徐浩修，《熱河紀遊》，收入《燕行錄全集》（首爾：東國大學出版部，二〇〇一），冊五十一、五十二。

許佖等編，《朝鮮事大・斥邪關係資料集》，首爾：驪江出版社，一九八五。

許篈，《朝天記》，收入《燕行錄全集》（首爾：東國大學出版部，二〇〇一），冊六。

魚叔權，《稗官雜記》，收入《韓國漢籍民俗叢書》（臺北：東方文化，一九七一），第一輯第八冊。

閔鼎重，《老峯燕行記》，收入《燕行錄全集》（首爾：東國大學校出版部，二〇〇一），冊二十二。
閔鎭遠，《燕行錄》，收入《韓國漢文燕行文獻選編》（上海：復旦大學文史研究院，二〇一一），冊十一。
楊炤，《懷古堂詩選》，上海：華東師範大學出版社，二〇一〇。
裴三益，《朝天錄》，收入《燕行錄全集》（首爾：東國大學校出版部，二〇〇一），冊四。
趙憲，《朝天日記》，收入《燕行錄全集》（首爾：東國大學出版部，二〇〇一），冊五。
鄭澈，《鄭松江燕行日記》，收入《燕行錄全集》（首爾：東國大學校出版部，二〇〇一），冊四。
鄭斗源，《朝天記地圖》，收入《韓國漢文燕行文獻選編》（上海：復旦大學文史研究院，二〇一一），冊七。
鄭昌順等編，《同文彙考》，臺北：桂庭出版社，一九七八。
鄭崑壽，《赴京日錄》，收入《燕行錄全集》（首爾：東國大學校出版部，二〇〇一），冊四。
鄭崑壽，《柏谷集》，收入《燕行錄全編・第一輯》（桂林：廣西師範大學出版社，二〇一〇），冊五。
魯認，《錦溪集》，收入《韓國文集叢刊》（首爾：民族文化推進會，一九九一），冊七十一。
韓德厚，《燕行日錄》，收入《燕行錄全集》（首爾：東國大學校出版部，二〇〇一），冊五十。
歸徠老人，《震史一統》，波士頓：哈佛大學燕京社藏朝鮮抄本。
權挾，《石塘公燕行錄》，收入《燕行錄全集》（首爾：東國大學校出版部，二〇〇一），冊五。
權撥，《朝天錄》，收入《燕行錄全集》（首爾：東國大學出版部，二〇〇一），冊二。

近人研究

卜正民（Timothy Brook）著，廖彥博譯，《掙扎的帝國：氣候、經濟、社會與探源南海的元明史》，臺北：麥田，二〇一六。

上垣外憲一，《雨森芳洲》，東京：中央公論社，一九八九。

大木康，《明末江南の出版文化》，東京：研文出版，二〇〇四。

山本治夫，〈十八世紀東アジアの開明思潮の隆替と現代意識（A）——燕行録類を基軸にして——〉，《福岡大學總合研究所報》，第六十一號（福岡，一九八三），頁一至四十三。

山本進，《大清帝国と朝鮮経済——開発・貨幣・信用——》，福岡：九州大學出版會，二〇一四。

夫馬進，《朝鮮燕行使と朝鮮通信使》，名古屋：名古屋大學出版會，二〇一五。

王汎森，《執拗的低音：一些歷史思考方式的反思》，臺北：允晨文化，二〇一四。

古柏（Paize Keulemans），〈開放世界的傳說——作為荷蘭戲劇、中國傳言和全球新聞的明朝之亡〉，收入復旦大學文史研究院編，《全球史、區域史與國別史：復旦、東大、普林斯頓三校合作會議論文集》（北京：中華書局，二〇一六），頁一三八－一六七。

仲尾宏，《朝鮮通信使——江戸日本の誠信外交》，東京：岩波書店，二〇〇七。

全海宗，〈清代中朝朝貢關係考〉，收入費正清（John King Fairbank）編，杜繼東譯，《中國的世界秩序——傳統中國的對外關係》（北京：中國社會科學出版社，二〇一〇），頁八十一－一〇四。

朱鴻林，《孔廟從祀與鄉約》，北京：生活・讀書・新知三聯書店，二〇一四。

何冠彪，〈清朝官方的「明亡於萬曆」說〉，《國立編譯館館刊》，二十八卷一期（臺北，一九九九），頁二五五—二七二。

吳政緯，《眷眷明朝——朝鮮士人的中國論述與文化心態（1600-1800）》，臺北：秀威資訊，臺灣師範大學歷史學系專刊第38種，二〇一五。

李元淳著，王玉潔、朴英姬、洪軍譯，《朝鮮西學史》，北京：中國社會科學出版社，二〇〇一。

李光濤，〈論建州與流賊相因亡明〉，《中央研究院歷史語言研究所集刊》，12:3（臺北，一九四七），頁一九三—二三六。

李光濤，《朝鮮「壬辰倭禍」研究》，臺北：中央研究院歷史語言研究所，一九七二。

姜沆著，朴鐘鳴譯注，《看羊錄：朝鮮儒者の日本抑留記》，東京：平凡社，一九八四。

洪大容著，夫馬進譯注，《乾淨筆譚1》，東京：平凡社，二〇一六。

孫衛國，《大明旗號與小中華意識——朝鮮王朝尊周思明問題研究（1697-1800）》，北京：商務印書館，二〇〇七。

海野一隆，〈李朝朝鮮における地図と道教〉，《東方宗教》，第五十七號（大阪，一九八一），頁十四—三十七。

張存武，《清韓宗藩貿易 1637-1894》，臺北：中央研究院近代史研究所，一九七八。

張伯偉，〈名稱·文獻·方法——關於「燕行錄」研究的若干問題〉，收入張伯偉編，《「燕行錄」研究論集》（南京：鳳凰出版社，二〇一六），頁三—二十六。

黃時鑒，〈從地圖看歷史上中韓日「世界」觀念的差異——以朝鮮的天下圖和日本的南瞻部洲圖為主〉，《復旦學報（社會科學版）》，二〇〇八年三期（上海，二〇〇八），頁三十一—四十一。

楊正顯，〈王陽明《年譜》與從祀孔廟之研究〉，《漢學研究》，二十九卷一期（臺北，二〇一一），頁一五三—一八七。

葛兆光，《想像異域：讀李朝朝鮮漢文燕行文獻札記》，北京：中華書局，二〇一四。

魏斐德（Frederic Wakeman. Jr.），陳蘇鎮、薄小瑩、譚天星、牛樸、陳曉燕、包偉明等譯，《洪業：滿清外來政權 如何君臨中國》，臺北：時英，二〇〇三。

顧誠，《南明史》，北京：光明日報出版社，二〇一一。

Edwin J. Van Kley, "News from China: Seventeenth-Century European Notices of the Manchu Conquest," *The Journal of Modern History*, Vol. 45, No. 4（Dec., 1973）, pp. 561-582.

史地傳記類　PC0600　讀歷史62

從漢城到燕京
——朝鮮使者眼中的東亞世界

作　　者 / 吳政緯
責任編輯 / 鄭伊庭
圖文排版 / 楊家齊
封面設計 / 葉力安

發 行 人 / 宋政坤
法律顧問 / 毛國樑　律師
出版發行 / 秀威資訊科技股份有限公司
114台北市內湖區瑞光路76巷65號1樓
電話：+886-2-2796-3638　傳真：+886-2-2796-1377
http://www.showwe.com.tw
劃撥帳號 / 19563868　戶名：秀威資訊科技股份有限公司
讀者服務信箱：service@showwe.com.tw
展售門市 / 國家書店（松江門市）
104台北市中山區松江路209號1樓
電話：+886-2-2518-0207　傳真：+886-2-2518-0778
網路訂購 / 秀威網路書店：https://store.showwe.tw
國家網路書店：https://www.govbooks.com.tw

2017年7月　BOD一版
2017年9月　二刷
2018年9月　三刷
2021年10月　四刷
定價：350元
版權所有　翻印必究
本書如有缺頁、破損或裝訂錯誤，請寄回更換

Copyright©2017 by Showwe Information Co., Ltd.
Printed in Taiwan
All Rights Reserved

國家圖書館出版品預行編目

從漢城到燕京：朝鮮使者眼中的東亞世界 / 吳政緯著.
-- 一版. -- 臺北市：秀威資訊科技, 2017.07
面； 公分. -- (史地傳記類)
BOD版
ISBN 978-986-326-432-3(平裝)

1. 中韓關係 2. 外交史

643.2 106007771

讀者回函卡

感謝您購買本書，為提升服務品質，請填妥以下資料，將讀者回函卡直接寄回或傳真本公司，收到您的寶貴意見後，我們會收藏記錄及檢討，謝謝！

如您需要了解本公司最新出版書目、購書優惠或企劃活動，歡迎您上網查詢或下載相關資料：http:// www.showwe.com.tw

您購買的書名：________________________________

出生日期：________年________月________日

學歷：□高中（含）以下　□大專　□研究所（含）以上

職業：□製造業　□金融業　□資訊業　□軍警　□傳播業　□自由業

　　　□服務業　□公務員　□教職　□學生　□家管　□其它____

購書地點：□網路書店　□實體書店　□書展　□郵購　□贈閱　□其他

您從何得知本書的消息？

□網路書店　□實體書店　□網路搜尋　□電子報　□書訊　□雜誌

□傳播媒體　□親友推薦　□網站推薦　□部落格　□其他________

您對本書的評價：（請填代號　1.非常滿意　2.滿意　3.尚可　4.再改進）

封面設計____　版面編排____　內容____　文／譯筆____　價格____

讀完書後您覺得：

□很有收穫　□有收穫　□收穫不多　□沒收穫

對我們的建議：________________________________

____

____

____

請貼
郵票

11466
台北市内湖區瑞光路 76 巷 65 號 1 樓
秀威資訊科技股份有限公司 收
BOD 數位出版事業部

（請沿線對折寄回，謝謝！）

姓　　名：＿＿＿＿＿＿＿＿＿＿ 年齡：＿＿＿＿ 性別：□女 □男

郵遞區號：□□□□□

地　　址：＿＿＿＿＿＿＿＿＿＿＿＿＿＿＿＿＿＿＿＿

聯絡電話：(日)＿＿＿＿＿＿＿＿＿＿ (夜)＿＿＿＿＿＿＿＿＿＿

E-mail：＿＿＿＿＿＿＿＿＿＿＿＿＿＿＿＿＿＿＿＿